リストカット

誰か気づいてくれたら……

岡田敦編著

OKADA Atushi

窓社

本書『リストカット 誰か気づいてくれたら……』は、2003年12月19日 窓社から刊行された写真集『Cord』を基に構成されている。

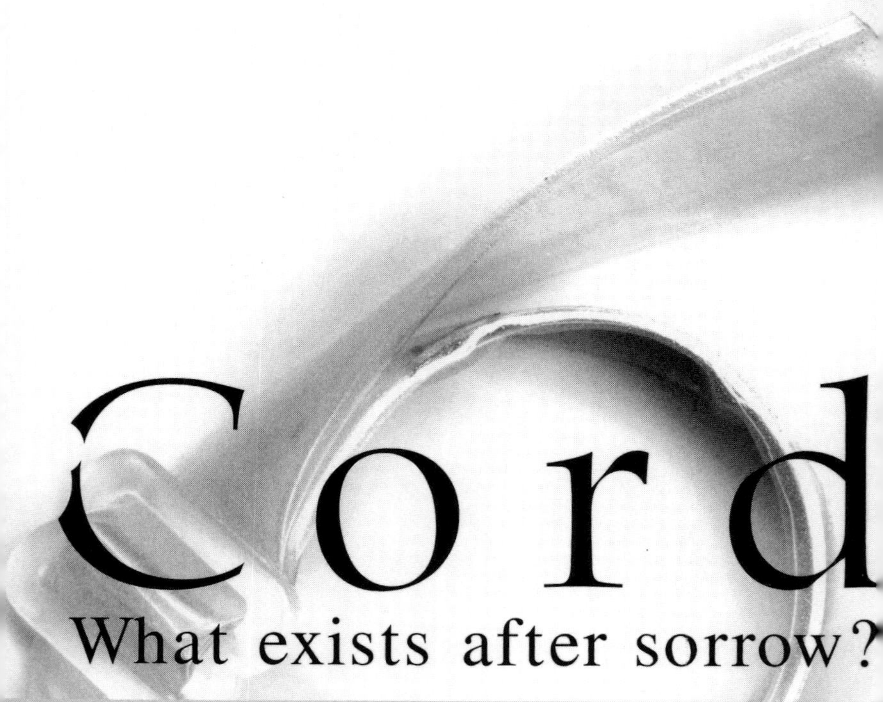

Cord

What exists after sorrow?

If your girlfriend cuts her wrists, can you help her?
恋人がリストカットをしたら、あなたは助けることができますか

OKADA Atushi

『Cord』にはラテン語で「心」という意味がある。また「An umbilical cord」とは「臍の緒」を意味する。僕はこの作品に「血族的な心の繋がり」という意味を込めた。

写真集『Cord』を出版して以来、「リストカット」に関わる手紙やメールをたくさん頂いた。それがきっかけで生まれることになったのが、本書『リストカット　誰か気づいてくれたら……』である。
「リストカット」とは、自傷行為の１つであり、自らの手首をカッターやカミソリで傷付ける行為のことである。
しかし、本書、または写真集『Cord』は、このような行為を肯定する為や否定する為に創られたものではない。事実をしっかりと見つめ、立ち止まり、考えることで、未来、ここから先へ進む為の糸口を見つける。つまりこの本が、前へ進む為のきっかけになってくれることを願っている。

Between reality and the truth

reality ＝現実＝事実としてあること
または理想に対しての現実

truth ＝真実＝嘘偽りのない本当のこと
変わりなく絶対的な真理

URL　http://www2.odn.ne.jp/~cec48450/index.html
E-mail　cec48450@hkg.odn.ne.jp

目次

私、リストカットしています。

2004年6月14日　月曜日
あい　17歳　高校3年　1986年生まれ　大阪市旭区

人が人を信じられなくなるのには、何らかの原因がそこにはある。その原因の１つとして、「家族」というものが挙げられるのなら、それはどれほど悲しいことか。

インタビューの最中、ふいに彼女が投げかけてきた言葉が印象的だった。

「私は今、岡田さんに自分の内面的な所を見せていますか？」

2004年1月31日

拝啓　岡田敦様
初めまして。私は以前『Platibe』を見て、とても感動した者です。その時にあなたにメールをして、返事をいただいて本当に嬉しかったです。ありがとうございました。

今回手紙を書いたのは、新作の『Cord』を見た感動を伝えたいと思ったからです。メールでもいいと思ったのですが、一度メールをした時にあまりうまく表現出来なかったので、今度は手紙を書いてみようと思いました。

『Cord』は本当に感動しました。『Platibe』とはまた違う世界で、でもあなたらしさを感じました。実を言うと、私も自傷者です。だからあの作品を初めて見た時はとても落ち込みました。でも二度目に見た時に、とても生きていく力をもらった気分になりました。そして自傷行為というものを、もう一度見直そうと思いました。私はあなたの『Platibe』を見て、諦めていた美術への思いを取り戻すことが出来ました。もしあなたの作品がなければ、私は今でも嘘の夢を作り、自分自身に嘘をついて生きていくことになっていたでしょう。

私はあれから少し写真を撮るようになりました。今、私は写真を撮ることが楽しくてたまりません。とても幸せに感じています。あなたのおかげです。でもそんな中でも色々な迷いもあります。そんな時に『Cord』と出会ったのです。私はもう迷いません。私もあなたのように自分の追い求めたいものを追い続けることにしました。あなたが教えてくれました。ありがとう。今私は自傷行為者という自分を見直す為にある写真集を作っています。これから私は始まるんだとそんな気持ちです。自傷という事実を見つめるのは、とても苦しいコトです。でも私はもう自分の血が流れ出る腕を見て泣くのは嫌です。それに気付いたんです。それを見て傷付く人もいるのだと。私は自分の道を生きていきます。自分自身の為に、自分の力になってくれている人の為に、きっと自傷をやめます。あなたが、私に前へ進む勇気を与えてくれました。落ち込んだり、悲しくなったりすると、私はいつも『Platibe』を開きます。そのたびにドキドキします。まるで恋人にあまえに行くような気持ちで。『Platibe』は私にとって、まるであまえられる恋人のようです。

『Cord』には、自分を見直す力をもらいました。私はこれからも一生懸命に生きてゆきます。いつか、あなたに私の作った写真集を見てもらいたいです。その為にも、私は自分の道を進み続けます。最後になりますが、2つのあなたの写真集は全然違うのに、なぜか同じものを感じたのは、2つとも見た後に、まるで水の中にいるような気分になるからだろうと思います。私はあなたの作品は本当に素晴らしいと思っています。これからも頑張ってください。

乱筆乱文をお許しください。そして最後まで読んでいただき、ありがとうございました。

あい

――今日は学校があったんですか？

あい●はい、美術の授業を受けてきて。

――美術？

あい●学校が美術を専門的にやっている高校なんです。

――写真を撮ったり絵を描いたりしているの？

あい●写真はやらせてもらえません。写真は勝手にやっとけって言われてるんです。絵を描いたり、ものを創ったり……。

——小さい頃からもの創りが好きだったの？

あい●はい。気がまぎれるというか、楽になるというか。

——僕は高校を卒業してから7年ぐらい経つんだけど、高校生の1日はどんな感じだったっけ？

あい●朝は7時ぐらいに起きて。学校は8時30分からで、終わるのが3時20分です。

——学校が終わった後は何をしているの？

あい●予備校がある日は予備校に行くし。美術の予備校なんですけど、そこでデッサンをしたり。予備校がない日はそのまま家に帰ります。5時には絶対に帰ります。

——そんなに早く帰って何をしているの？

あい●ご飯を作ったり、家事をやったり。

——手伝っているんだ。

あい●父子家庭なんです。

——お母さんは亡くなられたの？

あい●別れたんです。小学2年生の時に。

——そうなんだ。今はお母さんと会ったりするの？

あい●たまに会います。月に1回会うか会わないか。

——住んでいる場所が近いの？

あい●いや、そんなこともなく。電車で1時間ぐらいの所に。兄弟はみんな会ったりしているんですけど。

——兄弟がいるんだ。何人兄弟？

あい●私を含めて３人です。私は次女でお兄ちゃんとお姉ちゃんがいます。お兄ちゃんは21で3つ上。お姉ちゃんは19で2つ上。お父さんは46か47です。兄弟とは一緒に住んでます。

──『Cord』の感想を送ってくれたけど、写真集はいつ頃見てくれたの？

あい●『Cord』を見たのは１月ぐらいです。『Platibe』は去年の９月ぐらい。

──自傷行為をしているって手紙に書いてあったけど、『Cord』の帯を見てどんなことを感じた？「恋人がリストカットをしたら、あなたは助けることができますか」って書いてあるんだけど。

あい●なんか、自分自身が見てはいけないような気がしました。自分がそれを見たら正気ではいれなくなって、おかしくなりそうな気がした。でも反対に、見なきゃいけないような気もした。これを見なくちゃ、自分自身が前へ進めない気がしたから。

──最初は本屋で見てくれたの？

あい●最初は本屋で立ち読みをしました。なんか冷や汗をかいて、読んでいて逃げ出したくなった。だからその日は最後まで見ることができなくて、途中で見れなくなってしまいました。

──最後まで見れなかったんだ。

あい●その日は最後まで見れなくて、また違う日に本屋に行って買いました。最初に見た時は、怖くて逃げ出したような感じです。

──そんなに「怖い」と感じたのに、どうしてまた見ようと思ってくれたの？

あい●見ちゃいけないような気もしたし、見ない方が自分の為だなと思ったけど、心のどっかですごく気になっていて。やっぱり見なきゃいけない本だなと思って。最初に見た日から買う日まで、そういうことを順々めぐりに考えていました。

──写真集を買ってくれたのは「見なきゃいけない」って感じたから？

あい●自分自身を見直す為だと思います。『Cord』を立ち読みした時に、怖い部分もあったけれど、何処か優しい部分があったような気がしたから。自分がこれから生きていく上で、「この本を見て自分自身を見直さなきゃ前へ進めない」、「なにもできない」、そんな気がしたから。本屋さんに行ってからも迷ったんだけど、「やっぱり買わなきゃ」「前へ進まなきゃいけない」って思ったから。

—— ２度目に読んでくれた時はどんなことを感じたの？

あい●恐怖もありました。責められた気もしたし。「やっぱり自分はあかんかな」って考えたし。でも心なしか、読み終わった後に、何処かで自分自身がすごく成長した感じもありました。なにか違う自分が見えた気がして。

——前へ進んだ感じ？

あい●進もうと思いました。進んだかどうかは分からないけど、今までウジウジしていた自分が、「前へ進もう」って思うようになりました。「自分なんか前へ進めない」ってずっと思い込んでいて、「自分は一生このままだ」ってずっと思っていたから。でも「自分だって前へ進める」って思うようになれました。

——そう感じてくれると嬉しいです。それを望んでいたから。

あい●なんか、すごく生々しかった気がした。直に訴えてくるから、やっぱり初めは逃げ出したくなったし。でもその直に伝わってくるからこそ、なにかもっと・・・、この人はきっとこの「自傷」っていう言葉を言いたいんじゃなくて、なにかもっと違うことを言いたいんじゃないかなって。そんな気がした。もしかしたら、全体を通して「前へ進むこと」を言っているんじゃないかなって。

——「切っている」ということよりも、そこに何があるのか、そこからどうやって進むのか。それが大切であって。例えばそれは人との繋がり方を見つめ直すことであったり。

あい●「言葉」でもあって、「目」でもある気がした。よく人の目が気になるから。周りの人の目が気になるから。すごいそれと同じようなものを感じた。責められたのは自分自身の生き方、自分自身の性格もそうだし。

——みんな自分が可愛いから逃げちゃうけど、逃げてばかりいても進まないからね。

あい●私はずっと自傷行為はいけないことだと思っていて、ずっと自分を責めていた。だから怖くて人にも言えなかった。過去に「自傷行為をしているから友達でいられない」って言われたことがあるから。それからずっと切ることは罪に思えて。

——それはその子に打ち明けた後に言われたの？

あい●喧嘩した後に。「切ってるから仲良くできない」って言われて。

——その子は知っていたんだ。

あい●その頃は小学生で、まだそんなには酷くなかったし、今に比べたら全然ましだったけど、「いつ死なれるか分かんない」って言われて。それから人とちゃんと向き合えなくなってきた。

——小学生の頃から切っていたの？

あい●小学５年生か６年生ぐらいだったと思うけど。その時は意識なんてなかったし。

——「意識」っていうのは何のこと？

あい●切ることに対しての意識がなにもなくて、いつのまにか切っていた感じだったから。ただ、すごく寂しかったんだろうなって思う。

——寂しかったのは、お母さんがいなかったからかな。

あい●お母さんもいないし、お父さんも帰ってくるのが遅いし、兄弟もみんな用事があって、私はよく独りになったし。みんなにちゃんと自分を見て欲しかった。

——初めて切った時は自分の行為が何か知っていた？

あい●知らなかった。意識があまりなかったから。小学生の頃はそんなに意識がなくて、毎日普通に過ごしていたから。

——初めて切った時のことは覚えている？

あい●なんか、普通に切っていた。

——その日は何か嫌なことでもあったの？

あい●友達と喧嘩をしていた。周りからすごい疎外されていて、それで落ち込んでいた。学校でも寂しかったし、家でも寂しかった。

——自分の居場所がなかったんだ。

あい●本当は小学校１年生からずっと虐められていたんです。

——虐められていたの？

あい●小学５年生になった時に、リーダーの子と仲良くなったからみんな寄ってきたけど、その子と喧嘩をするとまた外されて。

——先生に相談はしなかったの？

あい●しませんでした。１度相談しても意味がなかったから。

——話を聞いてくれなかったんだ。

あい●クラスで相談会みたいな会議をしたぐらいで、なんにも意味がなくて。

——家に帰っても居場所がないし、それで切ってしまったのかな？

あい●やっぱり心配されたかった、家の人に。

——切るまではどんなことを考えていたの？

あい●なにも考えていなかった気がする。

——そうなんだ。でも「寂しかった」って言えるなんて正直だね。

あい●なんか、独りぼっちになるのがすごく怖かった。独りになるのが怖くて、切って心配をかけたら、ちゃんと自分のことを見てくれるんじゃないかなって思っていた。でもそれは間違っていて、切ってもなんの意味もなかった。

——お母さんもいないし、お父さんも帰ってくるのが遅いし。小さな頃から独りで寂しかったんだ。

あい●小学生の時はそんなに酷くなかったんだけど、中学生になってからはどんどんどんどん酷くなっていって。人に見られる意識もしはじめて、できるだけ人に見られない所を切ろうとしていた。

——その時も心配して欲しくて切っていたの？

あい●でも心配してもらえなかった。誰も気付いていなかった。

——それでまた酷くなったのかな？

あい●高校に入ってからはもっと酷くなって。

——高校に入ってからも何かあったの？

あい●高校でまた虐められて。

——ずっと虐められてきたんだ。

あい●ずっと虐められていました。中学校でも虐められていたから。

——クラスメートに虐められていたの？

あい●女の子に虐められました。今は女子校なんで女の子しかいなくて。

——女の子の虐めは陰湿だからね。

あい●何ヶ月もずっと無視され続けて。高校に入った年の夏なんかは酷くて。拒食症になったりして。

——家族は知っていたの？

あい●気付いていたのかも知れないけど、気付いていない振りをしていたのかも知れない。

――相談はしなかったの？

あい●しません。実際親も信頼していません。お母さんなんか特に。

――「お母さんが特に」っていうのはどうして？

あい●お父さんに引き取られていたから。ずっとお父さんの周りの人に、「お母さんに捨てられたんだよ」って言われて生きてきたから。

――悲しいね。

あい●いつもお母さんに見て欲しくて、頑張って頑張っていい子でいようとしたのに。高校に入ってからも虐められたし。色んな悪いこともしたし。空けちゃいけないって言われていたピアスも空けたし。お母さんなんて嫌いだし、信頼なんてできない。

――「捨てられた」って思いが強いのかな？

あい●実際に捨てられたのは事実だし。

――人を信じることができなくなったのは、それが原因なのかな？

あい●何処かで「捨てられる」って思ってしまう。

――随分深い所でトラウマになっているんだね。

あい●母はたぶん私の自傷に気付いていたはずだし、傷跡を見て、「なにこれ?」とは言っても、私が適当に嘘をついたらすぐに納得するから。

――気付いて欲しいのにね。どうしてなんだろう。

あい●分からない。お兄ちゃんもお姉ちゃんもみんなお母さんが大好きだから。だからずっとお母さんの前ではいい子でいようと思っていたのに。でも結局お母さんは、そんなに私たちのことが大事ではなかった。

――どうしてそんなことを感じるの？

あい●兄弟３人ともお母さんにお金を貸しているんです。みんながアルバイトで貯めたお金を。お母さんが、「お金に困っているから貸して欲しい」って言ってきて、それが何回も何回も続いて。みんなお母さんに大金を貸していて。そんなことがずっと続くから、もう母親とも思えないし、思いたくもない。

──切っている理由は孤独感と母親のことが大きいのかな？

あい●そうです。きっかけはそうだったと思う。でも中学に入ってからはそれがどんどん変わっていって、辛いことがあると切っていた。

──どんな気持ちだったの？

あい●独りでいたくない。独りは嫌だって思ってた。

──寂しかったんだ。

あい●寂しかった。

──なんだか悲しいね。

あい●今でも何処かしら人の目が怖い部分があって、町中へ出ると挙動不審とかになってしまって。人が怖いんだなって自分でもすごく意識している。裏切られるのも怖いし、自傷を始めたことで自分がすごく悪い人間に思えてきて。

──本当は切ることをやめたいんだ。

あい●やめたい。自分でも早くやめたいと思っている。

──やめたいのにやめられないのはどうして？

あい●反対に苦しい。やめたいけど、どうしてもやめられない。そんな自分がすごく嫌で、自己嫌悪になってしまう。

──どうしたらやめられるのかな？

あい●分からない。

――コントロールできないものなの？

あい●少しでも悲しいことや苦しいことがあると、いつのまにか切っている。酷い時には、「また切っちゃった」っていう自己嫌悪に落ち入って、悪循環でまた切ってしまう。それがどんどん続いて。

――切る時に「やめよう」っていうふうには思えないんだ。

あい●思う時も最近はちゃんとあって、切らずに済む時もあるけど。

――自傷していることに対してはどう思っているの？

あい●いけないことだと思っている。やめたい。こんなことしなくても生きていけるはずだと思ってる。

――切ったら楽になれるから？

あい●そんな気がしている。ストレス解消法がないんです。ストレスが溜まると自分に当たってしまうから。周りに当たるのが怖いのかも知れないけれど。

――周りに当たるのが怖いから自分に向かうんだ。その時はどんな心境なの？

あい●切らないと自分がダメになる。自分を保てない。そんな感じがしている。切らなきゃ自分はおかしくなってしまう。普通じゃいられない。

――感情を押さえる為の手段なのかな。

あい●でもすぐに悲しくなる。落ち着くのは一瞬だけで、すぐに悲しくなる。切っている時だけ落ち着いて、切り終わるとすぐに自分の中に寂しさと苦しみが込み上げてくる。「自分はなんてダメな人間なんだろう」って思ってしまう。

――切っても後悔するのにね。一瞬の安心感の為だけに切っているんだ。

あい●切っている時はなにも考えていない。嫌なことも悲しいことも全部考えずに済む。ただそれだけ。

――痛くないの？

あい●痛くない。切っている時は全然痛くない。でも切り終わって、意識がしっかりしだしたら、どんどん痛みが込み上げてくる。感覚的にいつのまにか切っているから、気付いたら切っていたっていう状態が多い。

――いつ自分を取り戻すの？

あい●切り終わった後。いつのまにか手が止まって、腕を見たら血が流れていて。

――何か救われる？

あい●なにも救われていない気がする。もう癖になっているのかなって思う。ただ人に当たらずに自分に当たって、それでいいと思っている部分もあると思う。実際は自分をよけい苦しめているだけだけど。

――切っても自己嫌悪になるだけだね。

あい●傷跡を見た友達が悲しそうな顔をした瞬間とか、「自分ってなんてことをしているんだろう……」って思う。

――そこまで分かっているのにどうして？

あい●分からない。

――分からないか……。

あい●聞いていいですか？岡田さんは、「誰も信じずに裏切られない人生」と、「信じて裏切られる人生」、どちらをとりますか？

――僕は信じるけど。

あい●なんでですか？

――悲しいじゃない。人を信じないなんて。

あい●本当は分かっているんです。自分が人を信じなかったら、人にも信じてもらえないし。自分が人を好きにならなかったら、人にも好きにもなってもらえないって。でも「だったら独りでいいじゃない」って思ってしまう。「独りで生きていけるなら独りで生きていけばいい」って。

——人はそんなに強くないでしょう。

あい●強くない、私も全然強くない。世の中に強い人間なんていないって分かっている。ただ、自分の腕に残る傷跡を見て、半分は自分のせい、半分は人のせいって思ったら、「だったらなんで人と触れあっているの」って思ってしまう。女の子なのに肩の傷とか気になって、タンクトップとか着れないし。そんなふうになったら、「自分ってなにやっているんだろう」、「なんの為に生きているんだろう」、「自分で自分の首を絞めているだけじゃん」って思ってしまう。

——そんな悪い人間ばっかりじゃないと思うけど。簡単に人を裏切る人も中にはいるけど、そんな人だけじゃないし。いい人を見付けてその人と繋がっていったらいいのに。

あい●分かっているつもりではいるんです。世の中悪い人ばっかりじゃないって。でも私はたった一部の悪い人間を見てしまった。悪い所を見てしまったから、そんな自分がまた嫌になる。

——信じようと思って信じられる問題ではないけどね。でも人を信じないのも悲しいよ。

あい●独りになるといつも考えてしまうんです。「なんで自分は此処に存在しているんだろう」って。「なんで自分は生きているんだろう」、「なんで自分は生まれてきたんだろう」って。そんなことばっかり考えてしまう。答えがないのなんて分かっているのに。

——答えか……、僕もそんなことを考えていたけど。

あい●結局考えても答えが出ない。でもその問いを毎日のように繰り返すから。

——自問自答の繰り返しだからね。

あい●私は今、岡田さんに自分の内面的な所を見せていますか？

――見せてくれていると思うよ。

あい●時々自分が分からなくなるんです。自分ってどんな人間なんだろうって。人は私のことをどう思っているんだろうって。こんなふうに生きているから、簡単には自分を出せないし、学校とかじゃ違う自分を作って接しているから。今の私はどうなのかなって思って。

――まだ会ってから1時間ぐらいしか経っていないからね、どれだけ本当のことを聞けたのかは分からないけど。でも正直に話してくれているんじゃないのかな。ちょっとずつ人を信じていけば。だって独りなんて寂しいじゃない。

あい●寂しいです。

――僕も信じていた人に裏切られたことはあるけどね。でもそれで他の人まで疑わなくても。疑い出したら生きていけないよ。

あい●岡田さんはどうして写真を撮ろうと思ったんですか？

――僕はずっと普通の高校に通っていて、とにかく学校全体が「大学に進学しなさい」って感じだったの。「ものを創りたい」っていう気持ちは常にあったけど、一歩を踏み出す勇気がなかったからずっと自分を騙していて。でもセンター試験を受けている時に、「何の為にこの問題を解いているんだろう」「自分はこんなことをしたい訳じゃない」って思って、それで試験を途中でやめて家に帰ったんだよ。その時にやっと「ものを創る人間になろう」って決めて。写真を選んだのは偶然。別に絵画でもデザインでも良かったんだけど。手段が違うだけで目的は一緒だからね。嘘をついて生きていたって楽しくないし、だったら好きなことをやって生きている方が幸せだなと思って。

あい●私が写真を始めたのは去年の夏なんです。初めて岡田さんの『Platibe』を見た時に、こんな写真の撮り方もあるんだなってすごく感動して。それまで優柔不断にあった「ものを創る」ってことに関して、やっぱり自分はこっちの世界じゃないと生きていけないって思って。それまでにも色んな過程があったけれど、それが1番大きかった。

――僕が創ったものが後押しをしたのなら、それは僕も嬉しいな。ところで送ってくれた感想に、「あなたらしさを感じた」と書いてあったけど、「らしさ」とはどんなものなのかな？

あい●透明感が溢れている気がするんです。写真１枚１枚に。どんなに色が濃い写真でも、何処か透明な気がする。もう全てが透けてしまいそうな気がするんです。初めて『Platibe』を見た時に、私は「すごい透明感のある写真だな」、「こんな写真初めてだな」って思って。消えるんじゃなくて、ガラスに近い透明感。下のものまで透けて見えそうな透明感。

──心の中まで見える感じなのだろうか？

あい●そうだと思います。時代的なものじゃなくて、精神的なもの。そんな気がした。怖かった記憶もあるし、震える感じもあったし。

──実はあいさんの友達の藤田さんという方から、『Cord』の感想を貰っているんだよ。

あい●藤田さんは、私の高校の友達です。私が独りになった時に、助けてくれた人でした。

──助けてくれたんだ。藤田さんはどんな子なの？

あい●優しい人です。

──藤田さんの感想の中に、あいさんから『Cord』を見せて貰ったって書いてあったけど、どうして藤田さんに『Cord』を見せようと思ったの？

あい●たぶん何処かで「自分のことを分かって欲しい」っていう気持ちがあったんだと思う。自分が全部話せない気持ちを、『Cord』を見せることで、分って貰おうとしたのかも知れない。

──怖くなかった？　自分を見せることになるでしょう。

あい●見て欲しいっていう感覚が大きかったから、怖くなかった。やっぱり知って欲しかった。全部吐き出せない思いを知って欲しかった。

──藤田さんのことを信じているんだね。

あい●彼女だけでした。彼女は私を独りにしなかった。私を放っとかなかった。だから私は彼女にはすごく甘えるし、ちゃんと自分のことを話そうと努力する。だけど私は今でもすごく人が怖いし、藤田さんのことを信じたいと思っても、心の何処かで信じきれていない部分がある。

——どうして？　助けてくれたんでしょ？

あい●人に何回も裏切られてきたから。

——藤田さんには裏切られたことはないでしょ？

あい●私は昔、家にずっと閉じこもっていた時期があって、でもそんな時も彼女は私のことを独りにしないで、ずっと私の近くにいてくれた。だから反対に信じきれない自分がすごく嫌。

——信じるのが怖いんだ。でも信じてあげたらいいのに。虐めから助けてくれる子なんてなかなかいないよ。

あい●彼女は違うって分かっていても、何処かでダメだって言っている自分がいて。信じたらまた裏切られるって。

——藤田さんが逆に苦しんでいたらどうするの？

あい●独りにしない。私は独りだったから。独りが寂しくて怖くて切っていたから。だから私は絶対に彼女を独りにしない。彼女と一緒に泣くと思う。なにも聞かないし、ただ一緒にいてあげる。それは自分自身が求めていたことだし、自分がやってもらいたいことだったから。

——「ありがとう」でも「ごめんね」でも、今言わないと伝わらない気持ちってあるからね。写真も同じで、今しか撮れないものがたくさんあって。「あとで撮ればいいや」なんて思っていたら、もう２度と撮れなくなる。そんなに相手を疑う必要もないし、自分が強くなることもないし、そのままでいいんじゃないのかな、素直になれば。

あい●私も強くなりたいとは思っていないんです。強くならない方がいいと思っている所もあるんです。自分が感じている弱さや苦しみを、他の人が感じた時には私は放っとかないと思える。それは今の自分が弱いからだと思う。『Cord』の題の中にある、「恋人がリストカットをしたら、あなたは助けることができますか」っていう問いを自分も考えたら、私はずっとその人のそばにいると思う。自分がすごく寂しくて苦しかったから、絶対にその人を独りにしないと思う。でもそういうのが分かるのは、自分自身が弱いからだと思う。だから私は弱いままでいい。

——強くならなくてもいいから、もっと自分を好きにならないとね。

あい●よく言われます。自分のことを好きにならないと、周りのことも好きになれないよって。でも自分自身のことを１番よく分かっていないから、何処が自分のいい所なのかも分からないから、だからまだ自分のことを好きになれない。でも私はすごい生きていたいから。

——ものを創ることに出会えて良かったね。

あい●何度も後悔したけど、絵を描くことに対しても、写真を撮ることに対しても、自分には才能なんかない、絵を描いていたって意味がないって。でもそんなことは関係ないんだって、自分が創りたければそれでいいんだって。それを教えてくれた人もいるし、感謝もしているし、その人に恩返しをする為にも、自分は前を見て進んで行こうと思える。

——才能なんてまだ考えなくていいんだよ。10代で自分を枠にはめたら、小さな人間になっちゃうよ。普通でいいことなんて何にもないからね。

あい●前は全然笑えなかったんです。ずっとムスッとしていて。悲しいことがあったら、すぐに泣いてそれで終わらせようと思っていて。

——じゃあ、少しずつ前向きになってきたんだ。

あい●色んな人に出会って自分がどんどん変わっている気がして。どんどん違う自分になっているのかなって。まだまだ成長は足りないけど、もっともっと広い世界で生きたいっていう意志もあるから。

——これから自傷行為とはどうやって向き合っていくの？

あい●向き合っていかなきゃいけないことだって分かっている。自分がこれを乗り越えなきゃどうにもならないって。このままでもいけないし。もしも将来自分が誰かと付き合って、その人が自分の腕の傷跡を見てどう思うのかって考えたらすごく悲しい。もしも自分に子供が生まれて、その傷跡を見たらどう思うんだろうって。

——腕を切って子供を悲しませる訳にはいかないよ。

あい●私はずっと「お母さんは自分のことを好きじゃない」って思って生きてきたから、自分の子供には絶対にそんな思いをさせたくない。

――人との繋がり方を本当は知っているんだね。

あい●人との繋がりは生きていく上で必要なものだと思う。人と繋がっていなかったらなんにもならないと思うから。

Date: Tue, 23 Dec 2003 22:55:35 +0900
To: cec48450@hkg.odn.ne.jp (OKADA Atushi)

こんばんは。私は以前あなたにメールを送ったものです。
あの時は返事をありがとうございました。

新しい写真集を見ました。
表紙を見た瞬間あなたの写真集だと思いました。
正直に言ったら雰囲気で見るのを拒否してしまいそうになりました。
もの凄く現実的な写真集だと思いました。

あまり人には言いませんが、私もリストカットをしています。
「ただ人に心配されたい」、そんな思いから始まり、
今では苦しいことがあると、知らない間にしています。
前回の作品で、私はあなたに自分の進みたい道に気付かせてもらいました。
本当に感謝しています。

あれから私は絵を描きながら本格的に写真を撮り始めました。
この前何となく二冊の写真集みたいなものを作りました。
その時に人に自分の思いを伝えるのは本当に難しいと思いました。
でもあなたの写真を見たら何故か心から大丈夫だと思えてきます。
ありがとうございます。

あなたの写真からいつも沢山のものを貰っています。
あなたの写真は恐怖を感じるけれど、どこか優しさも感じます。
私はその優しさに助けられています。
本当にありがとうございます。
これからも頑張って下さい。応援しています。

友達として、リストカットを見守って。

2004年6月14日　月曜日
藤田佳菜子　17歳　高校3年　1987年生まれ　大阪市城東区

2003年12月30日

拝啓　岡田敦様
今回、この『Cord』を買ったのは、私ではなく、私の友達なんです。
でも見せてもらった時、あまりにも強い衝撃と感動を受けたので、
ハガキを書かせてもらいました。

「もし恋人がリストカットをしたら……」

私はとても心がズキンとしました。
今回、『Cord』を買った私の友達は、リストカットをしています。
辛くなった時、どうしても止められないそうです。

私は友達の横で『Cord』を見ていて、
途中、涙があふれてきました。

「助けてあげたい……」

私は友達に「私がいつでもそばにいてあげるから、
私はあんたが大好きだから、
リスカしたくなった時は私に電話してきてほしい」と言うと、
「ありがとう」と言っていました。

私はリスカしたことないし、したいと思ったことがないから、
リスカしてる人の気持ちをよくわかってあげられないけど、
わかってあげたいと思いました。
辛い気持ちを消してあげたいと思いました。

『Cord』を見て驚いたことは、岡田さんの個性的で素晴らしい写真と、
こんなにもリスカしている人がいるんだなということです。

人生はまるで１本のコードのようで、いろんな人と繋がっている。
「切れないようにしなくちゃ」と思いました。

岡田敦さん、『Cord』ほんとうに良い作品でした。
ありがとうございます。では。

佳菜子

──あいさんとはいつからの友達なんですか？

藤田●高校に入ってからです。

──『Cord』はどういう経緯で見たの？

藤田●ちょうど彼女の家に遊びに行っていて、その時に見せてもらって。

──彼女が切っていることは知っていたの？

藤田●はい。高１の時からですかね。ずっと悩みを聞いていて、それで仲良くなったのがきっかけなんですけど、その時に話してくれて初めて知ったんです。

──聞いた時はどんな感じだった？

藤田●今までそうゆう友達がいなかったから、こうゆう子もいるんやなって感じて。私に話してくれたことがすごく嬉しくて、なんか役に立てることないかなって。

──「自傷」っていうことに対しての知識はあった？

藤田●全然なかったです。

──その日どんなことを話したの？

藤田●はっきりは覚えていないんですけど、家の中のこととかクラスの中の話を聞いていて。「寂しかった」って言ってたんかな、孤独感に満ち溢れていた感じで。

──傷を初めて見た時は驚かなかった？

藤田●すごい痛そうやなって思って。こうゆうことをするのは、よっぽどなにか心に抱えてるもんがあるんやなと思いました。

──彼女から『Cord』を見せて貰った時はどんなことを感じたの？

藤田●まず最初に、なんでこの写真集の題名が『Cord』っていうんかなって考えて、読んでいくうちにだんだん自分の中で理解されていって。もしかしたらこういう意味で『Cord』って名前がついたんかなって。人の人生とか、人との繋がりを表わしているんかなって。それから『Cord』に載せられているリストカットをしている人達の文章を読んで、すごいなんかその人達の気持ちが自分にグッときた感じで、込み上げてくるものがありました。こういう思いで切ってしまうんやなって。

──友達が切っているってどんな心境なの？

藤田●なんか力になってあげたいなって。自分もすごい辛い時とかあるけど、私は切ったりしないし、切るまではいかないから、そう思ったら普通の辛さ以上に辛いんだろうなって。

──今までたくさんの人に話を聞いたけど、なかなかこういう関係を築くことは難しいことだと思うよ。

藤田●私はどんなことしていても、「この子ちょっと怖いからやめとこ」ってことがあんまりなくて。話をしてきてくれたから普通に話をして。仲良くなったのはいつのまにかだから、全然覚えていないんです。

──仲良くなってから彼女が自傷をしていることを聞いたの？

藤田●初めて話しかけてくれた時にそのことを聞いて。「おはよう」ぐらいは前から言っていたけど。でも切っているからって別になにもなくて、全然普通の子で。「こういう子もいるんや」ってそう思っただけで。

──聞いてなにか変わったことはある？

藤田●私はなんかしてあげないとあかんのかなって思っていたんだけど、「聞いてくれるだけでも安心する」って言われたことがあるから、聞くだけでもいいんかなって思ったり。私自身は、ほんまはやめた方がいいなって思ってるけど、あんまり無理に言うのもあかんかなって思ったり。

――「やめな」って言ったことはあるの？

藤田●１回言ったことがあるけど、「どうしても無理や」って言われて。その時に「やめろやめろ」言ってももう無駄やなと思ったから、「じゃあ今度切りたくなった時は、私に話せることやったらできるだけ話してきて」みたいな感じで。

―― ２人はいい関係なんだね。

藤田●話をいっぱい聞いて、なんか寂しいこととか辛いことがあったら、なんでも話してきてって。独りじゃないからねって。

――「人との繋がり」ってどんなものだと思う？

藤田●すごい大事なもんやなって。相手の立場になって考えるって、すごい大切なことやなって思います。

――いつも相談にはどんなふうに答えているの？

藤田●「またやっちゃったんか」って。「切る前に話しやって言ったやろ」って。前はこの子の家族のことも知らなかったし、相手も知って欲しいことだらけやったけど、今は全部知ってるから。

>> ご意見、ご感想をおかきください

正直、すごい衝撃受けた。自分もリストカット(アムカ)

しています。あえて、そうゆうサイトは見ないようにしてきて

たんですが、この本は思わず買ってしまった。同じ様に思っ

てる人がいる。アートな写真、言葉に涙してしまいました。

「恋人がリストカットしてたら、あなたは助けることが

できますか？」　この答えは出ないと思う。

現在、あたしの彼は「止めさせてみせる」と言います。

自分の意志で切っている。だからあたしはいつか、

自分の意志で止めてみせます。その「いつか」が必ず

来ると信じて。この作品で、色んな答えをたくさんの人

が見つけたと信じています。

S.K　22歳　女　和歌山県

~Platibe~<Cord>~CordⅡ~

I don't know what exists after the sorrow.
Cord

What exists after sorrow?
Cord

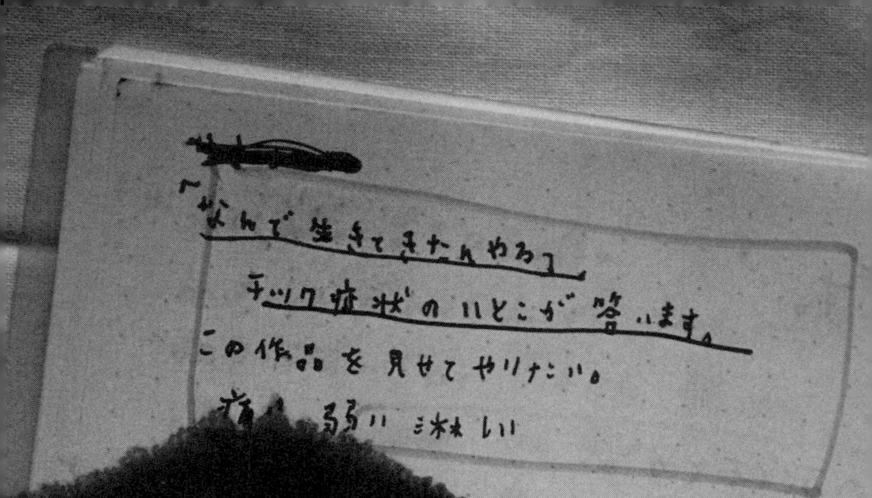
「なんで生きてきたんやろ」
チック症状のいとこが悩んでいます。
この作品を見せてやりたい。
弱い 淋しい

With the beginning of the 21st century,
the collapse of the minds of our youth is taking place more rapidly.
This situation has become critical and has reached its boiling point.

Who can solve this crisis?
In recent years I looked to politics and religion,
but they did not have the answers.
In fact, it is no longer appropriate to have faith in them.
The youth already know that neither has anything to offer them.

Today,
some repeat wars,
and others commit crimes leaning on their faiths.
Even if the minds of the youth should collapse,
no one will notice it.

In such a case, should I live waving a white flag
or go away from here closing my eyes?
To quote a certain rock' n'roll singer, " what exists after sorrow? "
I wish that there would be hope after sorrow.

『Cord』より

NO.0724　お話しませんか？　　02/9/07 21:16
投稿者　：　悲しみの果て・・・　　　0724/3993

私はリスカしています。
リスカしている人いたら誰かお話しませんか？

写真集『Cord』はこんな文章で始まっている。これは実在するインターネット上の書き込みから引用したものだ。つまり『Cord』は架空に創られた世界ではなく、現実に存在する世界ということだ。

NO.0725　リスカ　　02/9/07 21:23
投稿者　：　ミドリ　　　0725/3994

リスカしています。
いわゆる自傷行為者です。
小学校の頃から、カッターやナイフで体を傷付けています。
カッターがないと不安で、いつも持ち歩いています。

今日も泣きすぎたし、切りすぎたし……
私はいつも独りです。

＞NO.0724 に対する返信です

〈写真集『Cord』より抜粋〉

NO.0778　no subject　02/9/10 23:13
投稿者　:　ちはる　　　0778/4047

生きているのか
死んでいるのか
自分でも分からなくなる時
生きている実感が無くなっていって
胸が苦しくなる
リアリティーがどんどん薄れていって
カッターを手首に当ててみる
痛みなんて感じない
でも死ぬのが怖い
だから浅い傷を何度も何度も
私は生きているの？
ちゃんと生きているのって
自分にそう問い掛けてみる

〈写真集『Cord』より抜粋〉

『Cord』を創ってから

悲しいと思うことや、リアルだと感じることを素直に言うと、案外生きにくい世の中なのかも知れない。

『Cord』を発表して以来たくさんのメールを貰う。中には「切りました」なんていうメールも届く。だが、そこに名前が書かれていることはなく、「助けて欲しい」という文面でもない。ただ彼らの気持ちが淡々と綴られていて、僕に何かを期待しているわけでもない。

しかし送られてくるメールを何度も読んでいると、次第に自分が何を求められているのかがわかってくる。それはメールを読むというその行為そのものだ。一時的な優しさや、特別な何かではなく、メールを読むというそのことが、唯一僕に求められているのだと感じるのだ。

きっと彼らは誰かに話を聞いて欲しくて仕方がないのだろう。何処かで何かと繋がっていたくて必死なのだろう。だから切ったことを知らせるメールまでもが届くのだろう。だがそんなメールを読んでいると、「他に話せる人がいなかったのか・・・」と悲しくもなる。近くに誰かいないのかと。

『Cord』を創ってからも色々なことを考えてきたが、やはり最後に行き着くのは「人と人との繋がり方」だ。家族、友人、恋人。人と繋がること、人を信じること、人を想うこと。全てはそこにあるように思う。

「An umbilical cord」＞＞臍帯

生命が誕生した時、初めて築かれる人との繋がり。
または、「血族的な心の繋がり」
臍帯＝へその緒
胎児と胎盤とを繋ぐ柔らかな索状の器官。
内部に動脈、静脈を持ち、胎盤を介して母体の血液から
酸素や栄養物を胎児に送る。
また、胎児の体内から不要物や二酸化炭素を母体血液に移す。
臍帯＝生命を築くもの。生命を繋ぐもの。
人間が生存していくうえで重要なもの。

NO.0784　生きてる意味が分からない　02/9/11 01:13
投稿者　：　あい　0784/4053

「早くしないと遅刻しちゃうよ」
「宿題ちゃんとやったの」
違う。そんなんじゃないの。
私はただ死にたいの。
でも死んじゃダメよって言ってる自分もいる。
私が私の周りにたくさんいる。

先生や親が何を望んでいるのか分からない。
生きてる理由が分からない。
何もない。誰もいない。
教室や廊下、窓から見える風景に、
自分の居場所を探している。
私は何処にいるんだろう・・・。

NO.0821　ママ。ごめんなさい。　02/9/11 22:53
投稿者　：　カオリ　0821/4090

彼との間に、待望の赤ちゃんができました。
でも彼に、「おろして」と言われました。
彼は望んでくれなかった。

手首を切っても、切っても、
血が止まって死ねなかった。
繋がれた命を、断ち切ってしまった。
誰か、助けて……

〈写真集『Cord』より抜粋〉

いい子でいることを望まれて

2004年7月21日　金曜日
佐藤未希　23歳　大学4年　1981年生まれ　北海道小樽市

『Cord』を出版してから数カ月後に、ある女性からメールを貰った。おそらく彼女が書いた昔の日記なのだろう。僕はこのメールを読み返す度、「現代社会を生き抜く為の術」というようなものを感じてしまう。彼女が求められた「いい子」とは何か。彼女が演じてきた「いい子」とは何か。僕は彼女と話をしてみようと思った。

Date: Tue, 30 Mar 2004 01:54:27 +0900
To: cec48450@hkg.odn.ne.jp (OKADA Atushi)

1995年4月30日
私がどれほど死んでしまいたい気分か。
私の本当の気持ちを話せる人は、
今、誰ひとりとしていないんです。
誰かにSOSを出したくても、出せないんです、
誰に出せばいいのか、どのように出せばいいのかわからなくて。
心配はかけたくないという思いが重なって、
手紙にも、本当のことは書けず、
「元気で楽しくやってます」
なんてコトを書いてしまったりしています。

1995年6月1日
仲良くなれるどころか仲が悪くなっていってしまう人もいます。
集会などで並ぶ時、私の後ろの人です。
イスを持ったまま、わざとぶつかってきたり。
とても痛いんです。
集会中も背中を叩いてきたり、イスを上げたり、
とても怖いんです。
今度は何をされるかわからない。
どうすれば、やめてくれるのでしょうか？
どうすれば、人を嫌がらずにいられるのでしょうか？
私が助けを求めても、誰も気付いてくれる人はいません。

でも、私は死んでしまうこともできないのです。
よくわからない不安と悲しさ、寂しさが襲ってきて、
泣いてしまいます。もう何もかもが嫌です。
でも、とにかく、今日私が願うことは、
「明日、虐められることがありませんように」
ということだけです。

中学2年生の時。転校先の学校でいじめに遭った。
当時、リストカットという言葉は知らなかったが、
何度か手首にカッターを当てたことがあった。
でも、切れなかった。
カッターを持つ右手が震えた。
自分がこの世から消えてしまうことが怖いのではなくて、
そうではなくて。
誰にも気付いてもらえずに死んでしまったら、
本当に独りぼっちなのだと分かってしまう。
それが怖かった。

だから、手首を切る代わりに、いい子を演じた。
大人に褒められる度、独りぼっちではないと安心した。
やっと見つけた居場所。そこにしかなかった。

リストカットは独りぼっちではないことを確認できる、
勇気への勲章のように映る。

20才。全てが自己責任の年齢。
いい子をやめた。誰も咎めない。
世界がぐんと広がった。
でも、居場所がまたなくなった。

日記から9年後。
居場所を見付けられないまま、空虚を彷徨っていた。
そして、ある人に初めて指摘された。
まちがっているよ、と。
偽らなくても本当のところで人と人は繋がっているのだよ、と。
あったかかった。
そうして今、本当の自分と向き合おうとしている。
時々、怖くなる。誰にも気付いてもらえず、

やっぱり独りぼっちなのだとわかってしまうのが怖くなる。
けれど、今求めている勲章はリストカットではない。
人との繋がり方を自分の力で見つけること、
それが本当。それを教えてくれた。

──送ってくれたメールの文章、何度も読んだのだけど、凄く印象深かったです。日記なのかな。現代というか、リアルというか。「いい子を演じる」とか「空虚を彷徨う」とか。こんなことを感じながら生きている人は、本当はたくさんいるのだろうなと思って。

未希●日付けが書いてあるものは日記です。昔書いた日記からとりました。

── 1995年ってことは、僕が高校1年の時かな。日記は毎日書いていたんですか？

未希●これは中学2年生の時の日記です。毎日は書いてなかったのですが、困った時とか、悩んだりした時に。親にも言えないし、友達にも言えないし、でもなんか凄くもやもやした時に、どうしようって。私は「まあいいや」ってなれなくて、ずっとそれを引きずって、それが解消するまでずっとずっと足止めを食らう感じになるから。だから、日記に書くと凄く楽になるみたいな。

──日記に書いていた内容は、こういうことが多かったんですか？

未希●中1の時に「アンネの日記」を読んで、ちょうどアンネが日記を書き始めた年齢が、その時の自分と同じぐらいの年で。それで、アンネは50年以上前の人で。自分と国籍も環境も境遇も違うのだけど、アンネはユダヤ人だし、でも悩んでいることが凄く似ていて。親に対しての思いとか、「将来が不安だな」とか、親に対して何か思ったりとか、そういうのは自分だけなのかなって思っていたんだけど、「アンネの日記」を読んで、「こういうふうに思う人が私以外にもいたんだ」って思って。アンネは自分への手紙みたいに日記を書いていて、日記帳に「キティー」って名前を付けて。「親愛なるキティーへ」みたいな感じで書いていて。自分への手紙、大人になった時の自分への手紙みたいな。だから私もそれの真似をしたんです。そしたら、架空の人がそこにいるような感じがして、手紙を出しているみたいな。返事は返ってこないけど手紙を出しているって感じがして、一方通行の文通をしているみたいな感じで。実際にいる人ではないから、何でも言えたし、何でも書けたし。友達とかに知られたくない部分とか、親とかに相談できないことも日記には書けて。

――「誰にも言えないことを書く」という心理は、インターネットの掲示板に書き込みをするような感覚に少し似ているのかな。どんな思いで日記を書いていたんですか？

未希●「親が自分の気持ちを分かってくれない」っていうのをいつも思っていたから。今の自分が何を感じるのかを書いておいて、きっと大人になったら忘れてしまうから、自分が同じ年頃の子供を持った時に、この日記を読んだらその時の気持ちが思い出せるかなって思って。

――送ってくれた日記の冒頭に、「私がどれほど死んでしまいたい気分か」と書いてあったけど、中学2年生、14歳でもう「死」を意識して生きていたの？

未希●中学の時はいつも死にたかったです。毎日「死にたい」って思っていました。今みたいに、「学校」も、「バイト」も、「友達」もっていう色んな世界じゃなくて、中学校の時は「家」と「学校」っていう2つの世界しかなくて。「友達」＝「学校」だし。転校したばっかりで、学校に行っても友達がいなくて。家に帰ってきても独りだし。毎日「死にたい」って思っていて。学校にいても虐められたり、背中を叩かれたり、みんなの前でスカートめくりをされたり。もっと虐められていた人からみたら、「些細なことじゃん」って言われるかも知れないけど、その時の私には凄く辛くて。その気持ちがだんだん体にも出てきて。「明け方まで眠れない」とか、逆に「明け方になったら起きられない」とか。朝になると毎日お腹が痛くなって、朝ご飯も食べられなくなって。でも、「食欲がない」って母親に言っても、「何言っているの、食べなさい」って怒られて。

――親に「学校で虐めにあっている」って言わなかったの？

未希●言えなかったです。虐められていて、教室にもいたくなくて、この頃しょっちゅう保健室に行ってたんです。でも、隣の小学校で父親が働いていて、父親の学校が近かったから、母親は父親の職場に知れ渡るのを嫌がって「やめてね、あんた、保健室登校なんかしないでね」って言われて。それで言えなかった。「私はダメな子なんだな」って思って。

――本気でそう言っていたの？　お母さんは。

未希●言ってました。朝になると毎日お腹が痛くなって、吐気もして。最初は頑張って朝ご飯も食べていたけど、だんだん食べられなくなって。それでも食べなかったら怒られて。「あんただけの為に朝ご飯を作っている訳じゃないからね」って。結局「お母さんも分かってくれないんだな」って思って。学校に行ってもお腹が痛くなって、昼休みはみんなそれぞれ好きな人どうしで集まって食べるから、私は一緒に食べる人がいなくて、辛くて。4時間目の終わりぐらいになると授業も受けられなくなって、毎日保健室に通っていました。そしたら私を虐めてる子も面白くなくて、「なんでいっつも保健室に行って」って言ってきて。先生が心配してくれて「今日は早退しなさい」って、だいたい4時間で毎日早退して帰っていました。そしたらクラスの子が「なんで毎日4時間で帰るの」って騒ぎだして。それで先生が「クラスの中でもどんどん辛い状況になっていくから、むしろ体調が悪いっていうことで休ませた方が」って母親に言ってくれて、学校を休んだり。

――それでも親には言わなかったの？

未希●言わなかったです。「またお腹痛かったの？」って深刻に受けとめてくれなくて。小5の時と、小6の時と、中2の時って3回目の転校だったんで。小学生の時もクラスに馴染むまでに時間がかかったから、母親は「小学生の時も時間がかったんだから」って思っていたみたいで。確かにクラスに馴染めないっていうのは小学校でもあったけど、その時は虐められたりはしなかったから。中学生になると女の子って派閥があるし、グループ行動ばっかりだから。

――お母さんに相談しなかったのはどうしてなの？「助けてくれない」って思っていたの？

未希●怒られると思って。いい子にしてなきゃダメなんだって思っていたから。「虐められるなんていい子じゃない」って言われるのが怖かった。

――ずっとそう思っていたの？

未希●父親は小学校の教師で、小さい時からずっと「お父さんは学校の先生なんだから」「お父さんの為にいい子にしていなさい」って言われ続けてきて。「そうじゃないと、お父さんが生徒を叱れないでしょ」って。

――「いい子じゃなきゃいけない」って思っていたんだ。

未希●親が教師だったから、本当は先生しか知らないことも私は知っていて。だから、「いい子」って言うか「他の子とは違うんだ」って思っていて。

――それが原因で親にも虐められていたことを隠していたんですか？

未希●そうですね。怒られると思っていたので。「私はちゃんとしていなきゃいけない」って。

――虐められていたことを親には言えないってことは、他の誰かに相談をしていたんですか？　例えば先生とか。担任の先生が気付かないはずはないでしょう。

未希●先生は分かっていたみたいで、「何でも言ってね」「何かあれば絶対に助けるからね」って言ってくれて。私はそれを信じて、凄く先生を慕って。でも、それがまた私を虐めていた子たちにとっては面白くなかったみたいで、「担任とあの子はできてる！」って面白可笑しく言ったりして。結局先生もどっち付かずになって。私を助ける為に何かをしてくれようとすると余計墓穴を掘って。虐めている子の反感を更にかって、逆にどんどんどんどん悪い方向へ行って。最後には先生の手に負えなくなって、そのうち学級崩壊になって。結局は私のことだけに構っていられなくなって、やっぱり手放されてしまって。「あ、先生も結局は助けてくれないんだ」って思って。「何でも言って」「助けになってあげるから」っていうのは綺麗事だったんだなって。

――でも虐めが原因で実際に死んでしまう子もいる訳だから。

未希●その先生も学校に赴任したばっかりだったから、校長先生もその先生の能力っていうのをたぶん分かっていなかったんだと思うし。

――えらくできた考え方をしているね。

未希●父親が先生をしていたから自然と学校の裏側のことも分かってしまって。

――じゃあ相談できる相手が誰もいなかったんですか？

未希●いなかったから私は日記を書いていたんだと思う。熱があってもうちの母親は「学校へ行け」って言う親だったから。先生に本当のことを言っても、父親にバレそうな気がして言えなかったし。

――送ってくれた日記に「死にたい」って書いてあったけど、その気持ちをどうやって押さえていたんですか？

未希●「死にたい」ってずっと思っていて、でもその気持ちを「頑張ろう」っていう気持ちに変えられたのはお姉ちゃんたちの存在だと思う。姉たちはそれぞれ一人暮らしをしていたんだけど、私はずっと姉が休みになって実家に帰って来るのを楽しみにしていて。「死んじゃったらお姉ちゃんたちに会えなくなるんだ」って自分を励ましていました。

――その時に思い浮かんだのはお母さんじゃないんだ。

未希●母ではなかったです。姉は家に帰って来る度に、私にお土産を買ってきてくれて、「私のことを気にかけてくれる存在がいる」っていうのが凄く嬉しくて。だから姉に会えなくなるのが嫌で死ねなかった。親とかではなくて、「お姉ちゃんたちに迷惑がかかるかな」って思って死ねなかった。昔姉に「周りが火事になる夢を見て、何故かあんたをおんぶして逃げまどう夢を見たよ」って言われて、「あ、私はお姉ちゃんに大切に思われているんだ」って感じて。日記にも「お姉ちゃんが帰ってくるまでは絶対に死ねない」「お姉ちゃんが帰ってくるまであと何日」ってことをよく書いていました。お姉ちゃんたちがいなかったら、今の私は絶対にいなかったと思います。無条件に信頼できる人って、世界中でお姉ちゃんたちだけかな。

――「カッターを手首に当てたけど切れなかった」って書いてあるけど、これは実際にあったことを日記に書いたんですか？

未希●「死にたい」と思って、いつもカッターを手首に当てていました。ちょうどこの頃、「中学生の自殺」が凄く流行っていた時期で、連鎖反応みたいに中学生がどんどん自殺をしていって、それが凄く社会問題になった時期で。「虐め」とか「保健室登校」がテレビでクローズアップされていて。

――同世代が起こす事件って怖いですよね。自分には関係なくても「もしかしたら自分も」っていう変な不安が植えつけられてしまう。僕が10代の時もたくさんの事件があったけど、最近は小学生の事件も増えだして、あれは被害者の家族やクラスメートだけでなく、同じ年齢の子供たちがみんなショックを受けたと思います。未希さんはバタフライナイフの世代ですか？ナイフで先生を刺すという事件が流行った。

未希●それよりは少し前です。「このままじゃ生き地獄です」っていう遺書を書いて死んだ子とか、「マット事件」とか。

―― 1981年生まれってことは、「17歳の世代」って騒いでいた時よりは少し前の世代ですか？「バスジャック」とか「通り魔事件」とかより。

未希●前です。私の世代は「人に危害を与える」っていう世代ではなくて、「虐め」とか「虐められた子の自殺」が流行っていた世代です。

――そういう時代背景って気持ちを余計に不安にさせますよね。

未希●私は「死にたい」っていうか「消えたい」っていつも思っていました。「この現実の中で自分は不必要だ」って。自分自身の価値のなさを思い知った時に、「消えたい」って思いました。死ぬ行為に附随する「痛み」が怖くて、「この世の中からいなくなる」ことは怖くなくて。だから「ぼわん」って煙りみたいに一瞬にして消えたかった。何をしても満たされなかったし、ファーっと独りでフェードアウトして、静かに自分を消したかった。

「死ぬことが怖い」ではなくて、「死ぬ行為」が怖くて。つまり、「手首を切る」とか、「首を吊る」とか。それと、「私がお姉ちゃんのことを好き」って思っている気持ちが、実は一方通行で、「本当はお姉ちゃんは、そんなに私のことを見ていないのかな」っていうのが分かってしまうのが怖かった。「死んでもお姉ちゃんが泣いてくれなかったら」って思うのが怖かった。それって本当に孤独で、「本当に独りぼっちなんだな」ってことに気付いてしまうから。

――切らずにとまったのは、「独りぼっちだ」っていうことに気付いてしまうのが怖かったからなんですか？つまり、悲しんでくれる人が誰もいなかったら、それは本当に孤独で、それを知ることが怖くて行動に移せなかったということでしょうか？

未希●リストカットをして、お姉ちゃんに「助けて」って言う勇気は私にはなかった。リストカットをする人は、切った後に「助けて」とか「切った」とかを人に伝えるっていうけれど、「私にはきっとできない」って思っていました。私はきっと言えずに本当にそのまま死んじゃうと思う。でも私には本当に死ぬ覚悟ができなかった。

リストカットをする人が、「今切っているの」って誰かに電話をかけて、「あっそ」ガチャって電話を切られたらどうするんだろうって思う。それはきっと何処かで「絶対に私のことを心配してくれる」っていう確信があるんだと思う。リストカットはその確信がなければできない。だから切っている人たちは「心配してくれる人がいる」「この人は心配してくれる」っていうことを知っているのだと思う。

——送ってくれた文に「リストカットは独りぼっちではないことを確認できる勇気への勲章のように映る」って書いてあったけど、それはそういう意味なのかな？

未希●そういう意味です。誰かがいるからこそリストカットができるんだと思う。「この人だったら助けに来てくれる」っていうのをきっと確信しているんだろうなって思います。私にはできない。「あっそ」ガチャって切られたら、絶対に立ち直れないし、それってもう死んでしまうだけだから。

——結果論は別にして、僕は親に対しては「助けてくれる」っていうのを無条件に信じてきたのだけど。

未希●怖い。そんなふうには思えないです。「助けてくれる」って思っていて手放されたら、もう生きてはいけなくなる。それだったら確認しないで、勝手に自分の中だけで思っている方がいい。助けてくれるのを期待しない方が、絶望せずに済むし。傷付けられるのは怖い。

——「確認を取ることが怖くてできない」って言っていたけど、逆に自分が助けを求められたらどうするの？　例えばお姉ちゃんに「助けて」って言われたら。

未希●絶対に助けます。

——そう思っていて、逆に信じることができないのは何故？

未希●助けを求めても、相手が自分のことでいっぱいいっぱいの時って、どんなに家族であっても、人に手を差し伸べることって無理なんだなって思うから。だから確信はしない。もし相手がいっぱいいっぱいの状況にあったら、きっと助けてくれないだろうなって思う。だから「助けて」とは言わない。

—— 16歳とか17歳の子から「切っています」「私も自傷しています」っていうメールが来て、でも僕には解決する術がなくて。「助けることができるかどうか」という結果論は別にして、結局は周りの人がそういう存在になって、「助けようとしてくれる人がいる」「心配してくれる人がいる」、そういうことを知ることでしか解決はしないのだろうと感じて。つまり最後は子供を産んだ親がそういう存在でなければいけないのだと思うのだけど。

未希●私は思わない。私の親がそうであるとは限らない。

──じゃあ切っている子たちに対してはどう感じているの？

未希●正直、羨ましいと思います。私も体を傷付けることに対しての嫌悪感はないです。ピアスを開ける感覚に似ているんだと思う。「ピアスを開ける度に嫌なことを１つ忘れられる」、そんな感覚は私にもあったから。１つで満足出来なくなってくると、どんどん穴を増やしていって。

でも『Cord』にでてくるような、ネットにはまっている人たちは「近くに誰もいない」って思っているだけで、本当は「近くに誰かいる」ってことに気付いていないだけなんだと思います。ネットの世界って、結局は顔が見えていない分話しやすいっていうか、傷付くことも少ないから。例えばその人との関係が途絶えたとしても、ぽこっとすぐに新しい人ができちゃうっていう手軽さがあるし、きっかけも努力も必要なく作れちゃう。「分かってくれる人がネットにしかいない」って思っているのかも知れないけど、それってたぶん違うと思う。そういう人がいないんじゃなくて、「いない」って言う人は「いる」ことに気付いていないし、そういう関係を築こうとする努力をしていないだけなんだと思う。

──私は？　私はお母さんとはそういう関係を築いてはいかないの？

未希●私は。分からない。私は、分からないです。

「アンネの日記」より

あなたになら、これまで誰にも打ち明けられなかったことを、
何もかもお話できそうです。どうか私の為に、
大きな心の支えと慰めになってくださいね。

1942年6月12日　アンネ・フランク

傷跡が消えると不安になって

2004年5月23日　日曜日
中村優　17歳　高校2年　1986年生まれ　東京都大田区

人が素直になれない時には、照れとプライドと怖さ、そのいずれかが交差しているのだと思う。裏切られたくない。傷付きたくない。だから決して深入りはしない。無意識のうちに身に付けた知恵は、素直になれない原因かも知れない。東京に住む高校2年生。写真を撮って欲しいというメールをくれた。

——僕のことをインターネットで知ってくれたって言っていたけど、具体的にはどうやって僕のことを知ってくれたんですか？

優●自傷の掲示板とかってけっこうあるじゃないですか。それで「リスカ」で検索してたら『Cord』のことが書いてあって、それで岡田さんのホームページを見付けたんです。「モデル募集」ってトップページに書いてあったから、私も撮って欲しいなって思って。

——自傷行為をしているって言っていたよね。「撮って欲しい」って思ったのはどんな動機だったんですか？

優●世の中で自傷行為が認められていないっていうか、けっこう隠さなきゃいけなくて、傷跡をさらしてると異様な目で見られたりするから。ずっと家族にも隠してたし、友達にもいまだに隠してる。だけど、ここではそういうのが認められてるって感じがした。だからモデルをやってみたいなって思って。

——傷跡を撮るということには何か意味があるの？

優●「これからちゃんと切らないでやっていかなきゃ」と思う時があって。学校も行って、大学も入って就職もして。それを考えると、「傷跡」っていうのはデメリットにしかならないから、「消さなきゃ」っていうふうにも思うんです。私は2年間ぐらい自傷をしていて、ちょっとマイナス思考とかになっている時に傷跡がなくなると、その切っていた2年間までもがなくなってしまうような気がして。傷跡が完全に消えてしまうと不安になって、今までの自分がやってきたことがなくなっちゃうような気がして。苦しんだり悲しんだりしてきて、その気持ちまでもがなくなるようで。

――傷跡がその時の自分の感情を代弁してくれている感じなのかな？

優●はい。だから傷跡がなくなると、なにもなかったみたいな感じがして。その２年間とか、今までのことが、全部なくなるような気がして。

――写真を撮って欲しいと思ったのは、傷が消えてしまうものだから？

優●たぶん、なんだかんだでそのうち気持ちも向上して、たぶん、たぶんですけど、傷跡も消したいって思うようになると思うんです。普通に大学に行ったり、就職したり、なんだかんだするのに、きっと傷は消した方がいいと思うんで。だから、傷跡がある今を写真で残しておきたい。それから、自分をどういう形であれ、だしてみたいと思いました。

――初めて腕を切ったのはいつなの？

優●ほんとに初めて切ったのは中１なんです。でもその時は１回きりで、傷も治ってなにもなかったんです。でも高１の８月ぐらいにまた切り始めて、最初はすごく浅くて、皮１枚剥けるぐらいだったんですけど、毎日切っているうちにだんだん深くなって、血がたくさん出て。

――最初に切った時はどういう理由だったの？

優●中１の時に切った時は、原因は忘れたんですけど、お母さんと喧嘩をして、暴言をガーっといっぱい吐かれて、色々言われて、それで悲しくなって、イラッときて、そんな感じで切ってしまって。でもその時は１回きり。

――その時は「リストカット」っていう言葉や行動は知っていた？

優●いや、知らなかった。おかしな行動だっていうことは気付いていたけど、リストカットとか自傷とかはよく知らなかった。

――例えばその時、自分の腕を切る以外にも、髪をむしるとか、壁を叩くとか、他にも方法はあったと思うけど、どうして「リストカット」という言葉も知らないのに、「自分の腕を切りたい」って思ったの？

優●学校で使っていた小刀があって、それが目に入って。錆びてて切れないってことも分かったんですけど。でもほんとはなにも考えていなかったかも知れない。それまでは怒ったりすると、壁殴ったり、そういう方向にいってたんだけど、その時初めて感情が自分に向いた気がします。

――切っている人たちの話を聞くと、「死にたい訳ではない」と言うのだけど、初めて切った時は、どんな気持ちだったの？

優●私は「親への当て付け」みたいなのがあって。死にたいとは思わなかったけど、悲しくて、イライラして切りました。その時は死ぬとか全然思わなくて、学校も普通に楽しく行っていたし。

――「親への当て付け」っていうことは、親との関係は普段からあまり良くないのかな？

優●普通に話したり、一緒に出掛けたりはするんだけど、私は好きじゃない。親が私のことをどう思っているかは知らないけど、けっこう過保護な所があって、なんか色々と口を出してきたり、私の携帯電話を見たり、鞄の中を見たりするんです。根本的には、親だし嫌いじゃないんだと思うんだけど。

――両親、２人とも嫌い？

優●お父さんは好き。９年ぐらい前から単身赴任で栃木に行ってて、まだ一緒には住んでないんだけど、それもあるかも知れないけど、お父さんは好き。

――高校に入ってまた切りだしたのには何か理由があったの？

優●高校にあんまり馴染めなくて。クラスの子とも喧嘩をして。女の子ってグループを作るじゃないですか。そのグループの子と喧嘩をして、周りとも険悪な雰囲気になって。すごく悩んで。学校もあんまり行きたくなくなって。ちょくちょくサボってたら親にバレて。またそれでこじれて。辛くなって切りました。

　中学生の時は手の甲を切ったんだけど、切ってる時は痛くなくて、切って気が済んで、終わった後も全然痛くなくて、ずーっと何もなかったみたいに。でも中学校の時に切ったのはその１回だけ。

　なんか、嫌なこととか、ムカつくことがあって切っちゃうと、それでチャラになるみたいな、「もう切ったから大丈夫」みたいな、気持的にそうなるんです。

　例えばお母さんと喧嘩をして、口喧嘩になって、ムカついたり悲しくなったりしても、切ると「これでもうお母さんのことを許せる」、そういう気持ちになるんです。状況は変わらないけど、気持的に、精神的にはなんか、「これでお母さんのことを許せるから大丈夫」みたいな。
切る癖みたいなものが付くと、理由はけっこうなんでもいいから切りたくなって、些細なことでもいいから傷を付ける理由が欲しい。だから「お母さんがこんなことをしたから」「こんなことをやったから」とか、色々な理由を付けて切っている。

——両親は自傷行為をしていることを知っているの？

優●今はお母さんとかお父さんの管理が厳しくなったから、家族は私が切ってることを知ってます。でも家の中ではけっこう笑い話になっていて、なんかそんな重い感じじゃなくて、お姉ちゃんもいるんだけど、お姉ちゃんとお母さんと私の３人で、傷をネタに笑い話みたいな、そんな雰囲気になっています。

——最初に親に自傷行為が見付かった時、その時はどんな感じだったの？

優●夏に切ったから、半袖で、包帯を巻いていて、「どうしたの？」って親に言われて。最初はほんとに薄かったから包帯は必要なかったんだけど、そのうち毎日のように切っていると、だんだん深くなって、包帯とか湿布とかを当てないと隠せなくなってきて。包帯とか湿布とかを当てていたら、お母さんに「それどうしたの？」って聞かれて、「体育の時間にひねった」とか、「遊んでてひねった」みたいなことを言っていたんだけど、それが１ヶ月とか２ヶ月とか続くと、だんだんバレてきて、ある日「あんた手首を切ってるでしょ？」、みたいなことを言われて、「うん」って感じになって。「馬鹿なことをするんじゃない！」って言われて、それで終わって。最初はお父さんにもお姉ちゃんにも内緒にしていたんだけど、そのうちお姉ちゃんが雰囲気に気付いて。お父さんに言ったのはけっこう最近かな。

——お父さんも全然深刻じゃないの？

優●お父さんが１番深刻に捉えていてくれて、「お前このままだと傷も一生消えないし、社会にも出れないんだから、もういいかげんやめろ」みたいなことは言ってくれるんだけど。

——「切っている理由」とかは聞いてくれないの？「何か悩みがあるのか？」とか。「社会」だとか「傷が残る」とかじゃなくて。

優●なんで切っているのかは言っていないです。誰にも言っていないし、親もあまり聞こうとはしないし。お母さんとかは、勝手に自分で決めて思い込むタイプの人間だから、「優はすぐ私と対立する」「イライラして切るんだ」、みたいなことを思い込んで、たぶんお父さんもそう思っていると思う。

——母親との喧嘩が原因で切っていることは知っているの？

優●はい。でも高校に入ってからは学校でのことがきっかけだから。「友達と喧嘩していづらくなった」とかは誰にも言ってないです。お母さんとかも知らないし。

——高校は１度辞めているの？　インタビュー前にそんなことを言っていたけど。

優●手首切ってると、また変な噂が立ち始めて。それでいづらくなって。１年の 10 月に辞めました。虐めもちょっとあって、それで手首切って、それでまたいづらくなって。休んでいるうちに進級もできない感じになってきちゃって。１年間やり直すってことにして、前の学校を辞めて、定時制に移りました。

——学校を辞めた時は、親や先生は自傷していることを知っていたの？

優●知っていました。担任の先生も気付いていました。先生は傷のことにはいっさい触れてこなくて。相談しても、所詮は先生からしてみれば他人のことだろうし、「手首切ってる」とか言われても困るだろうし。誰にも言えない。
　お父さんは、離れてると気を遣っちゃって、単身赴任だし。あんまり本心を言えない感じだから、相談もできない。お姉ちゃんとは仲良くないから、相談しないし、したくもない感じだし。お母さんにも相談はしない。結局なんにもならないことは初めから相談はしないし。友達に言ったとしても、友達もどうしたらいいのか分からないだろうし。手首切ってるなんて言ったら、異様な目で見られそうだし。誰にも言えない。「中学の時に切ったことがある」って母親に言ったことがあるんだけど、その時も「母さんへの当て付け！」みたいなことを言われて。

——お母さんへの当て付けで切っているなら、「お母さん何かしたかな？」とかそんなことを聞いてこないの？家族の中で話し合いをしたりはしないの？

優●ならなかったです。お姉ちゃんにもけっこう問題があって、彼氏との間に子供ができて。結婚するはずだったんだけど、もう赤ちゃんが産まれそうって時に、実は彼氏に借金が何百万もあるっていうことが分かって、籍が入れられなくなって。未婚の母みたいになって実家にいるんです。お母さんはそっちの方に気がいって、赤ちゃんもいるし、私のことには関心がないんです。

最近は切ると「病院に入院させるわよ!」とか「そんなに切りたいんだったら、腕を肩からナタで切り落とすぞ!」みたいなことを言われて。心配してくれると言うより、「優は頭がおかしいんだから仕方がないわよ」みたいな感じになってるから。「なんで切っているんだろう?」っていうのはなくて、悲しいというより、おかしいんです。普通は親だったら違う反応をするんだろうけど。

――お母さんが心配をしてくれていたら、何か今と変わっていた?心配してくれていたら、少しは切らなくなっていた?

優●たまにそう思います。自己中な考えだけど、「もう少し理由を聞いてくれたら」って。突き放すんじゃなくて、優しく接してくれれば、もう少し良かったのにって。

今は理由もないのに無性に切りたくなる時があって、「切らなきゃダメ!」みたいな。切らないと逆に焦る感じがするんです。「切っていない」ということに対して「ダメじゃん!」みたいな感じがして。

――駄目なことじゃないよ。どうして駄目なの?

優●冷静に考えれば全然ダメじゃないんだけど、切らないで済むならその方がいいし。でもたまに「最近全然切ってないよ、ダメじゃん!」って思う自分がいて。「切ることから卒業したい」と思う自分もいるんだけど、それができなくて。

手首を切るとか切らないとか、そんなことに全然関係なく生活している時もあって、でも逆に、ほんとに手首を切らないと生きていけないような自分もいて、それが交互に出てくるから、全然切らなくて平気な時もあるし、ずっと「ダメだ!ダメだ!」って言って、1ヶ月ぐらい切り続けなきゃやっていけない時もあって。切って血を出さなきゃダメなんです。打撲でも、擦り傷とか痣とかできるんだけど、根本的に血を出さなきゃダメなんです。

――壁を叩けばいいのに。自分から傷を付けなくても。壁を殴ったりするだけでも、拳が赤くなったり擦り剥けたりするのに。

優●それだけじゃ気分が収まらないんです。「自分で切る」「傷付ける」ってことに意味があるんです。

――それはどんな意味があるの？

優●偶然ハサミとかカッターとかで切れちゃっても、「あ、切っちゃった」って思って、普通にバンソウコウ貼って、なにもないんです。でも、自分で切って血が出たりすると、違うんです。

――リストカットをしている人は、「切っていても痛くはない」って言うけど。故意ではなく傷付いた場合は痛いの？転んで膝を擦りむいたとか、カッターで指を切ってしまったとか。

優●怪我をして血が出ると普通に痛いです。

――その血を見て落ち着くことはないの？同じ血だからいいのかなって単純に思ってしまうんだけど。

優●私の場合はないです。逆に普通に焦ってしまって。故意に切るのと、偶然切れるのは全然違う。自分の意志で切ると落ち着くけど、偶然切れちゃったりすると「血を止めなきゃ」って普通に思う。

――血を見ると落ち着くっていうのはどんな感じ？

優●ストレスとかイライラとか、悲しいとか、嫌なこととか、そういうマイナス的な思考がなくなっていくような感じがして落ち着く。血の代わりに、血がそのままマイナス思考みたいな、マイナス思考である血がそのまま流れるみたいな感じ。自分の嫌な所とか、イライラしていることが、血と一緒に流れていくような。

――人によっては「血を見ると生きてる感じがする」って言うけど、生きている実感が欲しくて切ることもあるの？

優●「生きてる」って感じは常にしています。普通に。嫌なことがあって傷付いたり、嬉しいことがあって喜んだりすることも「生きてる」って感じがするから。切ることで「生きてる」ことは感じないです。「生きてる実感」が欲しくて切ってる人もいると思うけど。

——リストカットのことを知らない人は、傷を見たらきっと「この子は死にたいのかな?」と感じると思うけど、「死にたい」という気持ちはある?

優●死にたい時もあるけど、死にたい時に手首を切る訳ではないです。死にたくなって手首を切るのではない。自殺願望があった時もあるけれど、もちろんその時も切ってたけど、自殺願望がない時も切ってた。1回切ったらなかなかやめられないんです。

——「いつかやめたい」という気持ちはあるの?

優●あるけど、でも「やめたい」っていうより、やめなきゃ生きていけないような。社会が受け入れてくれないから。

——自傷行為を受け入れてくれる社会だったら切り続ける?

優●受け入れてくれる社会だったら、自分の気持ちがほんとにそういう世界から切り離せたら、きっと普通に切らないと思う。だけど「イライラしたら切る」っていう気持ちがあって、全然自分の気持ちが今と変わらなかったら、これからもずっと切り続けるかも知れない。

今「やめたい」って思っている気持ちは、「社会に出れないからやめたい」っていう気持ちで、「自分がやっていることがおかしいからやめたい」っていう気持ちではないです。

夕方のニュースとかで自傷行為を取り上げている時があるじゃないですか。そういうのを見ると「放送しないで欲しい」って思う。たぶん「理解を深める為に」っていう名目で放送しているのだろうけど、切ってる人間、私からしてみれば迷惑というか、傷を見られると「あの子もそうなんだ」みたいな感じになるから。「こういうのを放送するからおかしな目で見られるんだ」って親もそう言ってた。自傷行為を知らない人の前だったら、傷を見られても、「事故った」とか言って片付くんだけど、そういう行為があることをちょっとでも知っている人に見られると、おかしな目で見られる。テレビとかで放送されるとウンザリするからやめて欲しい。

——このインタビューも同じことかも知れないけど。そのことはどう思うの?

優●これは本心っていうか、自分が思っていることだから。ちゃんと上辺だけじゃなくて、「切っているから頭がおかしい」とかじゃなくて。テレビだと上辺の部分、報道している人たちの目から見た感じがするから。写真集とか本だと自分が言ったことが載るから、きっと違うと思う。上辺だけじゃなくて、「色々あって切ってしまう」っていう過程が分かるなら、それなら放送してもらってもいいけど、テレビは「手首を切っている人たちがいますよ」っていう部分ぐらいしか流れていないから。

──こうやって話を聞いていても「切っている人の気持ちが分かる」とは正直言えないんだよ。本当に理解をしているなら、僕自身も切っていることを前提としなければいけないと思うから。頭では理解しようとしても、心では本当の所には追いつかなくて。切っている人たちもみんな違う感覚で切っているのだろうし、逆に、分かってはいけない、肯定してはいけないという気持ちで話を聞いているのだけど。

優●世の中が切ることを肯定したら、社会がもっとおかしくなっちゃう。

──否定されることも分かってるんだ？

優●そうですね。否定されるのは分かってます。否定されることだけど、面と向かって否定されるのはちょっと。テレビを見て、ほとんどの人が「なにやってるの」みたいな感じになると思うんです。それはテレビを見ると仕方がないとは思うんだけど、切っている人たちのちゃんとした気持ちを見て、それから否定するなら否定して欲しい。上辺だけで肯定とか否定とかして欲しくない。ほとんどの人が上辺だけだから。今回の話も、読んだ上で否定するなら別に構わない。肯定するのも構わない。あんまり肯定されるのもちょっと嫌だけど。
　例えば自分が誰かに、「手首を切っているんだ」って言ったら、「そっか」って言ってくれるぐらいの感じが1番やりやすい。変に「なにやってんの？」「バカじゃないの！」とか、「うん、それでいいと思う」とか言われるよりは、「そっか」、ただそれだけ、「切ってる」ってことだけ分かってくれれば。

──でも本当は「心配して欲しい」って思わないのかな？

優●親には心配して欲しいと思ったりするけど、友達とかには心配して欲しくない。かえって気を遣われるのも嫌だし、気を遣うのも嫌だし。でも言ったらきっと心配してくれると思うから言わない。

──本当に心配して欲しくないのなら手首は切らないんじゃないのかな。手首って人に気付かれるか気付かれないかギリギリの部分でしょ。本当に人に知られたくないのならもっと服に隠れるような所を切ればいいのに。死ぬことが目的でもなく、血を見て落ち着きたいだけなら、手首を切らなくたっていいのに。自傷行為をする人って何処か冷静な所があって、刃物を選んだり血がこぼれないように準備をするっていうでしょ。それだけ冷静ならもっと切る場所を選べばいいのに。無意識の内に何処かで心配して欲しいって思ってるんじゃないのかな？

優●自分の知らない所ではそう思っているのかも知れないけど。
　最初は足とかお腹とかも切ってたんです。でもなんだかんだ、家にいるとバレてしまって。親には見付かりたくなくて。切ってるってことは知られても、切ったことをその日に知られると、またギャーギャー言われるから。でも隠していても、私が寝ている間に、私が何処を切っているのか見るんです。だから結局バレるなら、おもむろに傷跡を色々な所に増やすより、最初から傷がある所に切っちゃった方が、後々いいかなって思って。でも自分の分からない所では、心配して欲しいって思っているのかも知れない。

――誰も心配してくれなかったら寂しくない？

優●寂しいけど、それより、友達とか親に、自分の気持ちの奥深くまで入ってきて欲しくない。友達とか親に、込み入った話をされると嫌だから。

――それはさっき言っていた「上辺」ってことと同じだよね。

優●その部分では上辺かも。でも、ちゃんと本音を話す時は、リスカとか自傷とか、そういうことが関係ない時に話します。だけど自傷とかそういう感じの本音は全然話さない。その部分では上辺なのかも。

――切ることを上辺で判断されたくないのに、どうして親や友達に本音を話さないの？

優●「親のことで悩んでいる」ってことを人に言っても、うちのお母さんのこと友達もみんな知っているから笑い話みたいな感じになって、「また？」みたいな。「学校のことで悩んでる」っていうのも、自分の弱い部分を他人に見せる感じがして嫌。自分の弱い所は見せたくないし、虐められてた自分も知られたくないし、そういう気持ちがあって、学校のことは誰にも言えない。

――どうして弱い所は見せたくないの？

優●よく分からないけど、とにかく泣いてるのも見られたくないし、落ち込んでいるのも見られたくないし、虐められていたことも知られたくないし、弱い自分を絶対誰にも見せたくない。泣くとか落ち込むとかとは無縁でいたい。

――落ち込んだこととか、そういうことを話して友達関係って深まるものじゃないの。上辺だけで人と人って繋がるものかな。

優●私は全部女友達なんだけど、女友達はあんまり言わない。私も言わないけど。好きなアイドルとかグループとかの話をして盛り上がったり、昨日あったことを、面白おかしく話して笑ったりとか、そういう感じだから。

――上辺な付き合いなんだね。

優●上辺。上辺かな？なんか男同士の友達と、女同士の友達はちょっと違う。ほんとに友達が落ち込んで、慰めるってこともあるけど、そんなに、そんなにはないです。

――「本当に困った時に助け合う」っていう感覚ではないんだ。裏切るとか、裏切られるのが怖いのかな？

優●見捨てられる感じ。友達にも色々種類があって、「この子には言えるけど、この子には言えない」って、色々あるじゃないですか。「この子にはこのことを言えても、他のことは言えない」とか。愚痴も言わない友達もいれば、愚痴を言うぐらいの友達もいるし。一概に裏切るとか裏切らないとかは思わないけど、このまま生活していく上では、「あの子とは縁が切れそうだな」っていうことは普通に思います。けっこうメールとか電話とかで繋がっている部分があるから。メールをしないとそのうちどんどん音信不通になって、ある意味さっぱりした感じです。それから「助ける」とか「切ってる」とかは私の問題だから、友達がなにを言っても変わらないと思う。それに心配かけたりしたら悪いし、なにも言わないで、今までみたいに生活している方が、相手にも私にもいいかなって。ほんとに大事な友達とか、好きな友達とかもいるけど、だからこそ、その子にも心配をかけたくないって思う。たぶんその子もほんとに心配してくれると思うし、その子も受験とかあって色々忙しいから余計な心配をかけたくないし。中には切ってることを言ったら普通に引いちゃう友達もいるだろうし。理由は色々だけど、結局は誰にも言えない。

――自傷行為をしている人たちに会っていると、「社会に対して真面目な子」

と「相手に対してわがままな子」のどちらかに別れるような気がするのだけど、例えば夜中に電話をして「今切っているんだけど助けて」みたいなことを友達に言ったりはしないの？

優●それはない。「夜中に会おう」とか、もし自分が言われたらすごく困る。言われたら嫌だし、自分がされて嫌なことはしたくないです。相手が困ることを分かっていてするのは、あまり関心がないです。

──じゃあ「切って欲しくない」「困る」「やめて欲しい」って言われたらどうするの？

優●その時の気持ちにもよるとは思うんだけど、やめるかも、しれない。

──「切らないで欲しい」って言ってくれそうな人は周りにはいないの？

優●存在だけなら母親。でももっと別の言い方や対応で、「やめて」って言ってくれたら。今私が感じるのは、お母さんが言うことは嘘臭く聞こえる。あんまりちゃんと聞こえてこない感じがする。たぶんほんとに心配をしてくれているとは思うんだけど、感情の表し方、気持ちの表し方がよく分からない、伝わってこない。言うことや態度がすぐ変わるから、裏切られた気になる。こないだ貧血で倒れた時も、「あんたがちゃんとご飯を食べないからだ！」「ちゃんと自分で作って食べなさい！」ってことを言ってたのに、次の日はご飯をいっぱい作ってくれて、「ちゃんと食べなさいよ」って優しかった。そういう意味では、態度とか言っていることがコロコロ変わるから、よく分かんない。

──どう接して欲しいのかな？

優●決めつけたりしないで理由を聞いてくれたり、言っていることや態度を変えなかったり。少しでもそうしてくれたら、切ることをやめるきっかけにはなるのかも。

──本当は心配して欲しいんだよね。

優●私は、ほんとは、心の底ではお母さんに心配して欲しいって思っているのかも知れない。でも、半分諦めがあるから。たぶん、友達にはほんとにただ心配をかけるだけ、でもお母さんとかには１番自分のことを気にかけて欲しい。

――お母さんに「心配して欲しい」って言ってみる勇気はないの？

優●だって。「私はこんなに優に気を遣って、心配しているのに」って言われたことがあるから。難しい、親と子供って。血が繋がってるから。切っても切れない関係だけど、お互い近すぎるから、対立することもある。親と子供は難しい関係なんだと思う。上手くいっている家は、すごく上手くいってると思うんだけど。

【インタビュー直後】

――傷跡が痛そうだね。

優●多い時は毎日のように切っていたから。

――友達も切っているって言っていたけど、その子とは仲が良いの？

優●中学校の時に友達になって、けっこう仲良くて遊んだりしてたんだけど、その子は親が不仲らしくて、それが原因みたいな感じで。

――それはお互い打ち明けたの？

優●その子が「実は切ってるんだ」って言ってきたから、「私もなんだ」みたいな感じで。でもそんな深い話はやっぱりしてないです。「なんで切るの？」とかそういうのでなくて、「こないだ切っちゃったよ」とか「大丈夫？ちゃんと消毒した？」みたいな感じで。

――悩みとか、原因とかは聞かないの？

優●大まかなことは。「親の仲が悪い」とかそれぐらいしか。

――業務的なんだなぁ……。

優●「なんでだろう」とは思いますけど、たぶん、その子が言いたくなった時に、自分から言ってくるかなと思って、あえてなにも聞かないです。

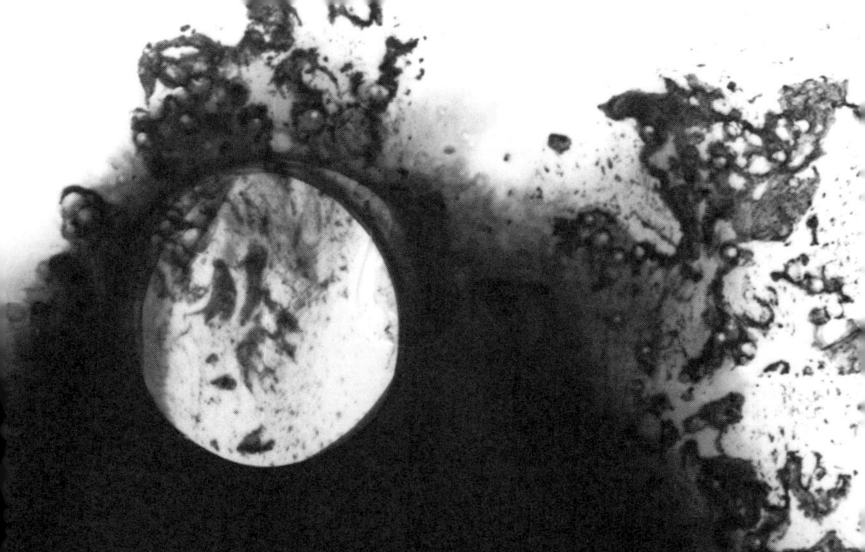

Search>>an umbilical cord
The relation which starts when life begins,
or the relation between the heart and blood.
An umbilical cord = a navel string
A flexible cord-shaped structure that connects
a fetus and a placenta.
It has an artery and a vein inside
and it sends oxygen and nutrients
from the blood of the mother's body
to the fetus through the placenta.
Also, it moves wastes and carbon dioxide
to the mother's blood from the fetus.
The umbilical = that which builds a life.
That which is joined to a life.
That which is important for a human being to live.
The cords of life.

何処かで人は繋がっている

東京写真文化館写真展での感想から／2003～2004／一部公開

現実ってナニ？
Ｉ．Ｔ

痛いです。
自分が元気なのに気付きました。
Ｙ．Ｎ

伝えたいのであろう物事が真正面からぶつかってきて
一瞬ハッとするが、胸が苦しくなって、感情にスッと入り込んでくる、あなたの世界観。不思議です。
Ｓ．Ｔ

久しぶりに「生きること」を見つめる写真に出逢いました。
今ここにいること、いま自分がここにいることを、
多くの方が共感したでしょう。
M.

答えは私もまだ見付けられませんが、
何処かで人は繋がっていると信じたいです。
今日は写真展を見にきてよかったと思います。
ありがとうございました。すべてに感謝。
Ｉ．Ｙ

岡田さんの写真を見て昔のことを思い出しました。
２年前、リストカットをしていた人の部屋で見た光景です。
バスルームに残っていた血が、今でも僕の頭から離れない。
以前だったら、もし恋人がリストカットをしていたら、
絶対に止めると言えただろう。でも今の自分には、
他人のリストカットを止める力は持っていない。
R.

彼氏が自殺して３年経ちます
暗い闇から抜け出すことも
抜け出すつもりもないまま
私は今日も無責任に生きのびています
リストカットをする恋人がどうすることが
「助ける」ことなのか分からないけど
生きることはとても辛いことです
K．Y

不思議な感覚です。
傷って痛々しさもあるけど、次第につなぎ合わさって、
やがて跡のみ残る。残るのは跡のみ。
でもここにあらわれた傷跡たちは痛々しさよりももっと
奥深くて、それでいてスーっとミントみたいな
透明感があるような・・・。
なんだか不思議です。
O．N

飲まずにいられなかった懐かしいクスリ達の写真。
今はそんな日々もあったと笑っていられるコトに感謝。
ステキな作品でした。
T.

自分を傷付けたつもりのその傷が、
周囲の大切な人達を傷つけていることを知っているのだろうか。
４年前、友人が自ら命を絶ちました。
彼を愛していた私たちは、今もその事実を心に抱えています。
きっと一生。
彼を責めるつもりは全くない。むしろ自分を。
自分を傷つけることで生きることを感じている人がいるなら、
必ずあなたを見ている大切な人が傷付けられていることに気付いてしまう。
「自分を見てくれない」は「他人を見ていない」の裏返しでは？
必ず見守っていてくれる人がいるのに。
M.

僕は恋人がリストカットをする現実を直視してきました。
彼女は僕に「救い」を求めてきました。
今、僕が彼女にしてあげられること、かなり悩みました。
彼女と出逢って３年。恋人は治りました。
そして、僕の役目は終わりをつげました。
Ｚ．Ｍ

数年前の私なら、この写真を見ることはとても辛かった。
今の私は、前向きに必死に生きています。
皆が必死で生きようとしていることを忘れずに、
これからも生きていきます。「悲しみの果てに・・・」
希望があることを共に願います。
Ｓ．Ｍ

２度目はもう痛いとは思えず、
今日は冷静になれないようです
僕は語るべきでないし、見せることは肯定します、常に。
Ｉ．Ｓ

私は東京に来てからずっと、
自分が水槽の中にいるような気がしていました。
静かで波もたたない外界とは無縁の世界。
穏やかに見えて、心の中は全く逆で落ちつかない。
真実を直視して、そこに関わっていくことはとてもしんどいことだけど、それこそが生きていくことだという気がします。
Ｋ．Ｈ

動物園の動物達の７０％に、自傷や異常な強迫的である行動が見られるのなら、この自由と平等にあふれてしまった消費社会において、オリの中に閉じ込められてしまった僕らは動物と何ら変わりはしない。悲しみを苦しみ、その苦しみを痛みでまぎらわせる、その悲しみを苦しみ、その苦しみを痛みでまぎらわせる・・・。その悲しみを……。
いったいいつまで続くんだろう？
M.

私は以前は毎日灰色の日を過ごしていたなと思うけれど、今はがんばって生きつづけた結果生きている。ウソかな？まだまだだな。うまく言えないけど。
毎日つまんなくて、さみしくて、痛いし苦しいけれど、私も同じだよ。人形みたくなってぼーっとしちゃう時もあるけど、変な人って思われたらどうしよう？不安。私は毎日たのしく生きてみたいし、死んだ時に「あーつまんなかった」って死ぬのはイヤだし。でも今現在の生き方ではそうなりかねない、ヤバイ、でもどうしたらいいの？めんどくさいなー、明日なんて来なけりゃ楽なのに。でも人と関わって生きるのめんどくさいし、むずかしいけど、人と関わらないと自分の心はうまらない、満たされない。
N．S

透明で鋭くて痛いのに美しい。
でもあまりにも痛すぎてドキドキする。
どこか、何か始まりそうなんだろう。
S．K

Search>>wrist-cutting
"Wrist cutting" is an act of cutting one's wrist,
arm or other body part with a razor blade
or any cutting device.
It is one type of self-injurious behavior
and is called 'wrist-cutting syndrome.'
It became widespread in the U.S. in the 1960s.
Later it escalated into a global issue.
Typically, the self-injurer is female in her teens or twenties,
and is often diagnosed as a 'borderline case.'
These are the characteristics of a borderline case:
intense and unstable personal relations,
extraordinary fear of being ignored,
and impulsive acts of self-injury.
Their cutting extends to the whole body
as the symptoms get more serious.
Though suicide is not intended,
it affects the heart gradually
because it becomes an addiction.
In some severe cases, it can become fatal.
"Seeing blood calms me down."
and "To make sure I am alive."
These are common reasons given by self-injurers.

私は此処にいるよ

2004年5月23日　日曜日
瀧島結美奈　19歳　接客サービス業　1984年生まれ　神奈川県横浜市

「切る人と、切らない人の差は何か……」、彼女と話をしながらそんなことを考えていた。寂しさと生きにくさを感じながらも、何処かで冷静さを保っている。自傷する人たちと重なる部分があっても、切ることは逃げだと言い切ってしまう。それを言わせてしまうのは彼女の持つ冷静さなのか、それとも周りの人間を思いやる心なのか。

――『Cord』の写真展に来てくれたんだよね。その後に貰ったメールだと思うのだけど、「私は空や風景の写真にしか興味がなかったのですが……」ということが書いてあって。それが気になって。どうして風景写真とは程遠い僕の作品に興味を持ってくれて、新作のモデルや、今回のインタビューを引き受けてくれたんですか？

結美奈●人の役に立つことがしたかった。なんか、「自分の存在価値」があんまり分からなくて。誰かの役に立っていれば、「自分が此処にいるよ」っていうのが分かるし。自分のやりたかったことも、体を悪くしてできなくなって、自分の存在価値が分からなくなって、「自分の存在価値が分からないなー」ってずっと思っていて、でも仕事とかでも人の役に立つようなことをずっとやっていると、気分も舞い上がるっていうか、役に立っているっていうか。

――どうしてリストカットを扱っている作品に興味を？

結美奈●メールの返事を頂いたんですよ、岡田さんから。「今日Cordの写真展に行きました」っていうメールを送った後に。そのメールの返信を読んで、「この人の写真は見たいな」って思って。基本的に、目立つこととか、モデルとかにも全然興味もなかったし、むしろ嫌だったんですけど。何故か分からないんですけど。なんか「今の自分はどんなふうに写るのかな」「どんなふうに撮れるのかな」っていうのもあるんですけど、モデルになって、それで人の役に立つならいいなって思って。

――「存在価値が分からない」っていうのは例えばどんな感じですか？　自

傷行為をしている人に話を聞いていると、「自分の存在が分からなくて切っている」という人もいるのだけど。

結美奈●「此処にいるのかな？」って思うことがあって。昼間は大丈夫なんですけど、夜になると凄く落ちて。「独りでいたい」って思うんですけど、だけど「自分は此処にいるのかな？」とも思って。独りだとちょっと、めちゃめちゃ落ちますね。怖い。怖いです。

──怖い……。何が怖いのかな？

結美奈●過去のことに縛られている訳でもなく、この先の将来に凄い不安があるっていう訳でもないんですけど、最近独りでいるのが凄く怖いです。

──友達はたくさんいるって言っていたよね？

結美奈●友達はいっぱいいます。いっぱい。大事な子も。でも部屋に独りでいたくないから、なるべく飼っているネコをいつも部屋に連れ込んでいます。

──自分もよく不安になるんだけど。でもそんなに頻繁に感じるんですか？

結美奈●「怖い」と思ったことから凄く、「逃げたい」って思うことがあって。最近波があったんですけど、最近になって凄く「消えたい」って思うことが多くなって。

──「消えたい」っていう言葉をよく耳にするんだけど、「死にたい」っていうのと「消えたい」っていうのは違う訳だよね。

結美奈●「消えたい」と「死にたい」は違いますね。自分で命を絶つとかじゃなくて、フッて消えたい。でも、それはつまり逃げている訳で、何から逃げているのかは分からないけど。分かっているのかも知れないけど、あんまり直視したくないっていうか。

──生きていることを休むというか、存在を隠すというか。少し冬眠するというか。

結美奈●消えたらたぶん楽になるって思うんですよね。知らないけど。消えたことないから。

――生きることが辛いのかな？消えたら楽になるっていうことは。

結美奈●「生きたい」って思う面もあるんです。でも、例えば雨が凄く降っていて、雨に向かって、「私も一緒に水になりますよ」って言って、「雨の中に溶け込ませてください」、みたいな。そしたら「そのうち蒸発して空になれるかな」って。誰にも話せませんけど、そんなこと。消えても、残される人がいるし。それに「消えたくない」って思っていて消えちゃう人もいるから、そんな軽はずみに言うことじゃないってことは分かっているんですが。

――「やりたいことがあったけど体を壊してできなくなった」って言っていたけど。それが大きいんですか？

結美奈●落ちるきっかけにはなりましたね。その「夢や目標があっての私かな」っていうのがずっとあったから、それがなくなっちゃって、「私って此処にいていいんですかね？」っていう感じになってしまって。

―― 19歳なんてまだまだ若いのに。

結美奈●爪を腕に食い込ませて、自分でみみず腫れを作ることがあるんです。それをやっちゃう時って、凄くわめいて、泣いて走りだしたいような感じなんです。手が震えそうになって、内臓が押し潰されそうな感じになって。その時に爪を凄く食い込ませると、ちょっと痛くて、「ちょっと痛い」って、「ちょっと嬉しい」って訳じゃないんだけど。食い込んでみみず腫れになったからって「生きている」っていう感じがする訳でもなく、ただその痛みを感じてちょっと安心するって気がします。

――女性は「痛み」の感覚において独特のものがあるよね。男と違って痛みを快楽に変える術を知っているというか。痛みに馴れているというか。男の「痛み」は単純に「痛い!」でしかないから。でも女性は何かが違う。なんだろう。切っている人の気持ちがちょっと分かるのかな？

結美奈●私自身が「切りたくない」っていう思いがあるんです。癖になっている子が多いじゃないですか、切っている子って。それが嫌だっていうのも勿論あるんですけど、傷は隠せないじゃないですか。周りを悲しませることにもなるから、人に心配もかけるし、人によっては「嫌だこの人!」「怖い!」って思う人もいる訳じゃないですか。その存在自体が迷惑がられたら……、人にはなるべく迷惑をかけたくないっていう思いもあるから、駄目かなって。「爪で食い込ませるのも同じじゃないの」っていう話にもなるんですが。

――例えば全く同じ悲しみや苦悩を抱えていても「切る人」と「切らない人」に分かれるよね。「切っている人が抱えている苦しみの方が大きい」と安直に言うのは明らかに間違っていると思う。同じ苦しみを抱えていても「切る人」と「切らない人」がいる、それは何故なのか。そもそも「切らない人」には「切る」という発想も浮かばないだろうし、そういった行動にも走らないと思う。その必要性もないのだと思うけど。そういったことを前提に置いておいて、「切る人と切らない人の差は何か」「何が違うのか」っていうことをずっと考えているのだけど。例えば結美奈さんは「人の目」や「迷惑」とかを気にしなかったら切ったりするのだろうか？

結美奈●いや、切ることはないです。自分の中でも「切ることはやめよう」って凄く思うんです。切ってどうなるか分からないから。「切るのが痛い！」とかじゃなくて、その後が怖いですね。本当に切ることに没頭しちゃうとか、そういうのは、見ていて悲しくもなるし。

――最初にみみず腫れを作った時はどんなことが原因だったの？

結美奈●１番最初にした時は、当時付き合っていた彼との喧嘩中で、私が頭の中の考えをまとめられず、何も言えなくて、でも凄く色々と言われて、「あぁ、もう言えないや」って。でも「此処で泣きたくない」って思って、その時にやったんです。その時は特に「落ち着く」とかは何もならなかったんですけど。爪を食い込ませたくなるのは、「言いたいことが言えない時」って感じですかね、簡単に言っちゃえば。

――それを見られて心配して欲しいとは思ってる？

結美奈●ないですね。見られたくないです。すぐ消えちゃうんですよ。だからやるのかも知れないのだけど。そんなにしょっちゅうはしてなくて、でも最近あって。昨日なんですけど。

――昨日何かあったの？

結美奈●「消えたい」って思って。そう思っていることをなかなか言えないじゃないですか、周りには。でも「あぁ、この人に言ってみようかな」っていう人と昨日話をしていて、でも昨日その人から「昔、付き合っていた恋人を病気で亡くしたことがある」って聞かされて、「あ、この人には言えないや」って思って、言っちゃ駄目だって思って。誰にも言えなくて。それで。

――どうして昨日は「消えたい」って思ったの？

結美奈●たぶん、普通に生活していて楽しいこともあるし、昼間は楽しいことの方が多いんですけど、人と接しなくなった時、遊んでいて別れた後とか、部屋で独りになっている時とか、「いるのが怖い」っていう感じがするんです。独りで、そこにいて、ポツンって。怖くて発狂したくなる感じです。「消えたい」って思うこと自体が「怖い」に直結していて、その怖いのは、独りでいることで、独りでいると、「本当に独りだ」って思っちゃうんですよね。友達もいるし、ちゃんと必要としてくれる人もいるんですけど、「本当はいないんじゃないかな」って。むしろ「いないんじゃないのかな私？」「夢？」って。「本当は独りなのかな」「存在しないのかな」って。でも「消えたい」って思うのも怖いんです。そう思っている時に家族とかに話しかけて応答があると凄く安心するんです。「あ、いるや」って。でもこうやって言っているのも全部甘えだって思うんですよね。何に甘えているのかははっきり分からないけど、「消えたい」って言ってその言葉に甘えて、「勝手に辛くなっているだけじゃん」みたいな、気持ちの持ちようで全然楽しくもなるのに、自分で自分を追い詰めて、ただ「逃げたい、逃げたい」の繰り返しだなって、そう思ったりもするんですけど。

――生活が苦しいとかじゃなくて、けっこう満たされている子が「消えたい」って言うのは何故だろうね。自分も人のことは言えないけど、満たされ過ぎているから分からなくなっているものがたくさんあると思う。

結美奈●甘えですね。甘えだと思います、自分を含めて。

――全部が満たされているからそれ以上何を求めていいのかが分からない、そんな感じなのかな。虐待なんかが原因の人はまた別の話だろうけど、本当に生きるか死ぬかの人たちは切ったりはしない訳でしょ。生きていく上では満たされている、物資的な面で、だから何かを失って、自分を見失っている。そういう人もいると思うのだけど。

結美奈●そういう理由の子もいると思います。でも、そこまで深く考えてる訳でもないし、それが理由だとも思っていなくて。でもそれが理由の子もいると思う。

――『Cord』の写真展には来てくれたって言っていたけど、写真集は見てくれたかな？

結美奈●はい。『Cord』はお金が無くて買ってはないんですけど、大きな本屋に行く度にいつも読んでいます。

──本屋に行く度に見てくれているんだ。『Cord』は最初に読んだ時の印象と、何度か読んでいく上での印象は違う？

結美奈●何かが変わってはいるんです。けど、それが何かは分からないです。最初に読んだ時は、「衝撃」、でもクリア感もあり、体にすんなり入り込むというか、でも今は、衝撃じゃなくて、他の何か、何かに。でもそれが何かは分からないです。

──作品の中のネットをしている人たちの気持ちは分かる？『Cord』の中の文章は実際のネット上の書き込みから全部引用していてリアルそのものなんだけど。

結美奈●「理解できる」って断言はできないんですけど、「何を考えているんだか分からない」とかいうのは全く思わないですね。自傷行為に対しては「逃げ」だと思うんです。何から逃げているのかは分からないけど。だけど否定はしません。仕方がないと。でも悲しくなる。寂しくて、辛くて、苦しいのだろうなって思う。

──周りに切っている人はいますか？

結美奈●身近な子にはいないですね。でも、バイト先のお客さんとかにはいますね。アパレル関係で働いているから、試着とかの時に見えるんですけど、肩から手首までとか。凄く明るい人だったんですけど。でもその傷を見ても全然驚かなくて。嫌とかは全然思わなくて。

──自傷行為ってことは知っていたの？

結美奈●はい、知っていました。それに15か16の時に久しぶりに会った友達が切っていました。その時は「え、嫌だ！」って一般的な反応をして、引いたっていうか、怖い、「何故そんなことすんの！」って。でも自傷行為をしている子がいても、あんまり記憶に残っていないっていうか、「へー」って、「へー、やってるんだ」っていう訳じゃないけど、それぐらいにしか思っていなくて。当たり前っていうのでもないんだけど。大変なんだなって。悲しくはなりますよね。「私何もできないけど、誰か何かしようよ」っていうか。今は全然驚かないですね。

――もし周りの友達が切っていたらとめる？

結美奈●とめないでしょうね。やり初めだったらとめますけど、凄くやっている子、とまんないって所にきてしまうと、逆に追い込んじゃうかなって。たぶん何もできないと思うんです。一緒にいることぐらいしか。一緒にいたいですね。なるべく。そしたらちょっとは切らないかなって。一緒にいる間は。

自分の居場所が何処にもなかった

2004年6月15日　火曜日
西脇はるか　20歳　大学2年　1984年生まれ　大阪府

「寂しい」と「淋しい」。彼女の口にする「さびしい」はどちらだろうか。「居場所がなかった」という言葉を何度も耳にして、「いい子を演じる」とは何かと考えてみた。話を聞くうちに、彼女の口にする「言葉」の意味が少しずつ分かってきたように思う。

Date: Sat, 20 Dec 2003 19:11:14 +0900 (JST)
To: cec48450@hkg.odn.ne.jp (OKADA Atushi)

写真集見ました。私、実は、リストカットをしています。『Cord』を読んでいて自分と同じ気持ちや、考えがたくさんあった。リスカが理解できない人にはわかんない部分って多いかもしれない。でももっとたくさんの人に、この写真集を見てもらえたらいいなと思う。リストカットのこともたくさんの方に理解してもらえたらと思います。なんかこの本で少しでも自分探しが出来たらいいなって思っています。

——西脇さんは大学で写真の勉強をしているそうだけど、写真を始めたきっかけは何だったんですか？

西脇●高校に入った時に、すごくギャルっぽい子が「写真部に入らない？」って私に話しかけてきて、それで「いいな」って思って。その子と一緒に写真を始めたのがきっかけです。

——写真を撮る理由って何かありますか？

西脇●写真を撮るのは、「自分が死んだ時に自分の跡を残したいな」っていうのと、「自己表現できたらいいな」って思っているのと。

——送ってくれた『Cord』の感想の中に、「自分の気持ちと重なる部分があった」と書いてあったけど、それはどんな部分ですか？

西脇●写真集の中にキューピーの写真があったじゃないですか。うちは切っている時は無意識で何も考えていないんだけど、ほんとは心の中までズタズタなんだなって気付いて。

——今日は授業が終わってから会うことをお願いしたけど、大学生活はどうですか？

西脇●最近は７時過ぎに起きて、それから学校に行っています。でもどっちかっていうと、学校に行くよりは引きこもっていたいですね。

——大学が楽しくないの？

西脇●学校は来ているけど、心の中では「来たくないな」って思ってる。人が多いじゃないですか。それが嫌だし、なんとなくダルイ。

——人混みが苦手なんだ。

西脇●とりあえず人が嫌いです。友達と一緒にいたりすると楽しいけど、やっぱり１人の方が楽だし。

——友達は多いんですか？

西脇●友達はいっぱいいます。

——人は嫌いだけど友達はいるって変な感じだね。人見知りをするのかな？

西脇●人見知りはしないけど、楽しく会話はできないと思う。

——自傷行為をしているって言っていたけど、最近もしているの？

西脇●最近は切っていないです。バイトを始めたから人目が気になって。これからの季節だと半袖になるし、切らない方がいいかなって。でも「切っちゃえ」っていう自分もいる。

——いつ頃から切っていないの？

西脇●今年の４月か５月ぐらいから切ってないです。

──自傷行為をしている人にとっての2ヶ月間は、「2ヶ月も切っていない」っていう感覚なのかな？

西脇●そうですね。だから最近は切ってないです。切ってる時は毎日まではいかないけど、けっこう切ってる。切らない時との波がありますね。うちの場合は、嫌なことがあったり自分の思うようにいかない時に切ることが多いです。

──例えば学校やバイトなんかで嫌なことがあると、その時点でもう切ることを考えているの？

西脇●嫌なことがあった時点でもう思っています。「もう今日は切らなきゃ」って。

──例えば僕がもし西脇さんに失礼なことを言ってしまったら、その時点で「家に帰ったら切ろう」って思ってしまうのかな？

西脇●思う。

──話すのが怖くなるね。衝動的に切ってしまう訳じゃないんだ。

西脇●衝動的な時もあるけど少ない。嫌なことがあった時に多いです。

──嫌なことがあってから家に帰るまでずっと、「今日は帰ったら切ろう」って思っているの？

西脇●思ってる。

──そういう時は家に帰ったら真っ先に切るのかな？

西脇●いや、少し落ち着いてから切る。冷静だと思う。

──どんな感じなの？

西脇●特に何も考えてない。切ってる時は痛くないけど、ふと我に返った時に痛いから、「とりあえずお風呂に入ってから切ろう」ってよく思います。水とか痛いじゃないですか、傷とかに当たったら。

――「嫌なこと」って具体的にはどんなこと？

西脇●例えばなんだろう。誰かと遊びに行くとするじゃないですか。私はおごってもらったりすると、すごく「悪いな」って思って、「あぁ、これはダメだ」って思う。その人と一緒にいる時は普通にしているけど、「ん……」ってずっと思っていて。「悪いな」って思う。そういう自分も嫌だから、絶対「切る」って思う。

――そんな些細なことで切るの？

西脇●ちっちゃいことで私は切る。それで何回か切ってる。

――どうして？

西脇●「悪い」って思う。

――遊んでいる時から「帰ったら切ろう」って思っているの？

西脇●うん、思ってる。だからカッターがないと不安になります、見つからないと。いつも目の届く場所に置いておく。

――持ち歩いているの？

西脇●持ち歩いてはいない。大学の友達もうちが切っていることを知っているけど、カッターを持ち歩くことはしていないですね。

――切りながら何を考えているの？

西脇●机に座って、カッターを用意して。ティッシュはいつも机の上に置いてあるから。血が出てくるのをワーって見ていると、「生きてるんだー」って思う。

――やっぱり手首を切るの？

西脇●酷い時は肩の下あたりから手首にかけて切っています。自分が見えない所を切るのはやっぱり怖いっていうのがあって。

――何が怖いの？

西脇●やっぱり死んだら嫌じゃないですか。だから怖くて切れない。人に見られないように足とか切ってる友達もいるけど、私は手首ですね。ちゃんとした理由は分かんないけど。

――やっぱり人に見られるのは嫌なものなの？

西脇●あんまり親しくない人には見られたくないかも。切ってることを知ってる友達になら全然かまわないけど。うちの周りの友達の中では普通です。「やめなよ」って言う子もいるけど、切ってる子もいるし。けっこういますね、切ってる人は。夏だから傷跡も見えるし。

――もう自傷行為は「特別」って感じではないのかな？

西脇●ないですね。

――友達の傷跡を見ても何も思わない？

西脇●特に何も思わないですね。「あぁ切ってるんだ」って。それだけ。「切りたきゃ切ればー」って。逆にとめられると辛いだろうなって思う。

――切った後に後悔はしないの？

西脇●しないですね。

――何の為に切るのかな？

西脇●自分を罰する為に切る。悪いなって思うから。

――悪いことをしているって感覚はある？

西脇●ないですね、私は。でもやっぱり１番怖いのは親に見つかること。「親に見つかったらどうしよう」とは思いますね。だから親には悪いなって思います。

――今は親元を離れて生活しているの？

西脇●地元は新潟です。うちお父さんがいないから。お母さんだけだから。親が離婚したんですよ、小学生の時に。それから変わったのかなって自分でもちょっと思う。お父さんの記憶もあるし。

――ご両親が離婚されているんだ。

西脇●うちはお母さんの方へ。お兄ちゃんがいたんですけど、お兄ちゃんはお父さんの方へ引き取られて。

――立ち入ったことを聞くけど、それはどうやって決まったの？

西脇●親に直接聞かれました。「離婚するんだけど、どっちについて行きたい？」って。

――小学生の時にそんなこと聞かれたら辛いよね。それからは会っているの？

西脇●兄は４つ年上ですけど、今は会っても話さないですね。お父さんとは新潟に帰ったらちょっと会うぐらいかな。

――お父さんとは会う機会があるんだ。

西脇●でもお母さんが嫌いです。ちっちゃい頃は「お母さんの方がいいかな」って思ってお母さんを選んだんだけど、今はやっぱり一緒にいるから。お父さんの方へ行っていたら、きっとお父さんが嫌いになっていたと思うけど。

――両親の離婚が何らかの原因になっているのかな。自傷行為を始めたのはいつ頃なの？

西脇●中学生の時に１度切って、大学に入ってからまた切り始めました。私、中学校の時は不登校で。友達関係とか男女関係が嫌で、保健室登校とかしていて、学校には行けるけど、教室には行けなくて。

――どれくらい保健室登校していたの？

西脇●３年生の時は受験があるから頑張って教室に行くようにもなったけど、中２の時はずっと保健室登校でした。他の生徒と会うのが嫌で、「あの子、不登校なんだよ」って思われるのが嫌で。だからみんなと時間をずらして学校に登校して。１人で保健室に行って。みんなが帰る前に帰ってきて。

――不登校のきっかけは何だったの？

西脇●あんまり覚えてないですね。

――切ろうと思ったのは何故？

西脇●なんでだろう。自分を傷付けたいなって思うんでしょうね。傷付けると安心するから。

――安心するんだ。

西脇●場合によるんだけど。さっき話したみたいに、誰かにおごってもらった時は、自分を罰する為に切るんです。切ったら「あぁこれでいいや」「この罪はもうなくなった」って思う。大学１年の時はすごい切っていて、朝起きたら自分が生きているのか死んでいるのか分からなくなって、「血をみたら生きているのか分かるかな」って思って切ったこともあったし、「生きてる」って安心もした。

――両親のことが原因としては大きいのかな？

西脇●あんまり自分では気にしてはないけど、他人から見たらそうなのかも知れない。小学生の時に親が離婚して、それから夜とかも独りだったし。お母さんが看護婦さんだったから、夜は夜勤とかでいつもいなかったし。本当は独りで淋しかったのかも知れない。

――夕食も独りで食べていたの？

西脇●お母さんが作って、夜にチンして食べなさいって。あとはコンビニばっかりでしたね。小学校の頃から鍵っ子だったし。

――淋しかったでしょう。本当はそれに気付いて欲しかったのかな。

西脇●あったと思う。ずっと「お利口にしていないといけない」って思っていたから。それに疲れて不登校になったり切ったりしていたのかな。いい子にしているのが嫌だったのかも、疲れたのかな。

――お母さんが嫌いになったのはどうしてなの？

西脇●なんでだろ。気が付いたら嫌いになってた。最初は好きだったけど。

——淋しさに気付いて欲しくて切ったのかな?

西脇●うん、あったと思う。

——傷跡も何処かで気付いて欲しかったのかもね。

西脇●うん……、そう思ってると思う。思ってる……。

——今もそう?

西脇●今は「悪いな」って思います。せっかく育ててもらったし、そういうのもあるし。ちょっとは大人になったし。

——淋しいよね、気付いてくれないと。

西脇●気付いて欲しかったですね。淋しかった。学校でもあまり上手くいってなかったし、家でも「いい子にしなさい」って言われるから。学校にも家にも自分の居場所がなかったから。

——周りに話せる人がいなかったんだ。

西脇●保健室のカウンセラーの人にも本音では話せなかった。いつも思ってもないことを「こうなんです」って言って終わってたし。

——カウンセラーの人も信用できなかったの?

西脇●言うのが嫌だったんだと思う。

——友達は?

西脇●友達は狭く浅く。

——どうして?

西脇●特に深く知る必要もないかなって。

──人を信じることに抵抗があるの？

西脇●あんまり信じてない。けっこう警戒する。仲良くなったら色々話せるけど、最初は無理かな。

──「狭く浅く」って悲しくない？

西脇●あんまり思わないです。

──孤独だよ、そんなの。友達に相談はしないの？

西脇●しないですね。するけどあまり頼りにはしていない。友達だけど親友ではないです。

──西脇さんにとって「友達」ってどんな存在？

西脇●とりあえず話せる人。仲良く話せる人かな。でも深い話はしないです。

──切っている友達が他にもいるって言っていたけど、その子とも深い話はしないの？

西脇●そういうのはたまに真剣に話すけど、でもそんなに深くは考えない。「あぁ切ってるんだ」ってそれぐらいかな。

──卒業するまでの付き合いなの？

西脇●たぶんずっとは続かないだろうなって思う。今までもそうだったし。中学校の友達も、高校の友達も、今ではそんなに連絡をとってないし。「人ってずっと友達でいられるのかな」って思う。

──親が別れてしまったからそう思うのかな。

西脇●親が離婚した時に転校したんですよ。転校してからは、知らない人ばっかりだし。いい子になろうって思っていて、それがストレスだったのかも知れない。

──人をあまり信じることができないんだね。

西脇●信じないですね。裏切られたら怖いから。担任の先生とかも絶対に信じられなかった。不登校の時に、先生が生徒のいない所で色々と言っているのを聞いたし、先生もそういう人なんだなって思って。この世の中はこんな人間ばっかりなんだって。

――裏切られたことが何度もあったんだ。

西脇●うん。いっぱい。いっぱいではないけど。

――そんな話を聞いていると悲しくなるなぁ。

西脇●孤独なのかなぁ？　何も思ってないけど。

――両親のことが大きいのかな？

西脇●自分ではあんまり分からないけど、そうだと思う、やっぱり。

――それで人が好きじゃないのかな。

西脇●うん、好きじゃない。

――異性に対してもそうなの？

西脇●そんなに人を好きになったことがないから分からないです。それにそんなに治そうとも思わない。気付いたらこうなっていました。

――誰もいないの？

西脇●いないと思う。親もいなかったら嫌だけど、そこまで深くはないと思う。親には相談もしないですね。「これを送って欲しい」とか「鍵なくしたけどどうしたらいい?」とか、そんなことぐらいしか話さないです。不登校になった本当の理由も親には言ってないし。本当の理由は誰にも言ってない。

――本当の理由って何だったの？

西脇●男の子に告白されて、それを断わったら軽い虐めをされて。それがだんだんエスカレートしていって、その子に殴られたり。それで学校に行けなくなった。

――親にも言えなかったんだ。

西脇●いい子でいたかったんでしょうね。いい子でいなきゃいけなかったのもあったけど。だからリストカットに走ることが多い。

――いずれやめたいとは思う？

西脇●思う。思うなぁ。世間から見たら悪いことなのかなと思う。仲の良い友達でも、「やめなよ」って言う子がいるし。やっぱりそう思う人の方が多いんだろうなって。

――傷跡って何かに対する信号のような気がするんだけど。

西脇●するのかなぁ……。するのかも。あまり私は気にしていないけど。

――毎日の楽しみはどんなこと？

西脇●ないかも。家に帰って独りになること。

――生きていてよかったなと思うことは？

西脇●あまりないですね。

――辛いでしょう。

西脇●辛いですねぇ、生きてることは。

――まだ20歳なのに。20歳だからなのかなぁ？

西脇●「なんで生きているんだろう」「死ねばいいのに」「なんで生まれてきたんだろう」って昔からそんなことばっかり考える時がある。

――どうしてそんなふうに考えるの？

西脇●うちが生きていても何も変わらないし。うちが死んでもこの世の中は回っていくじゃないですか。そしたらあまり意味がないなって。友達と喋っていても、頭の中ではそんなことを考えてる時がある。

――自傷して何か変わったことはある？

西脇●何もないんじゃないですかねぇ。でも安心するのかな。自分が死ぬんだったら腕を切って死にたいなって思ったりする。寿命では死にたくないなって。

――何故なのかなぁ。前向きになれることはないの？

西脇●ネガティブですね。楽しい時もあるけど常に暗いです。

――小さな希望とか夢は？

西脇●希望ねぇ、あったらいいと思う。今の私にはないと思うけど。

――でも大学で写真の勉強をしているのだから、写真が好きなんでしょう？どんな写真を撮っているの？

西脇●人が嫌いだけど、人物写真を撮っています。

――どうして人物写真なの？

西脇●カメラを通して人と向かい合ったら正直になれる気がする。

命を育てる親・命を切り刻む親

2004年6月3日　木曜日
小日向花織　30歳　主婦　1974年生まれ　東京都国立市

6月11日。小日向さんからお話を聞いて1週間が経った。正午前、僕の元へメールが届いた。「インタビューの時に上手く話せなかったことがあったので」という小日向さんからのメールだった。そのメールの中には、当日僕に見せなかった小日向さんの姿が書かれていた。お話を聞かせて頂いたのは平日の昼過ぎ、中央線吉祥寺駅近く。お子さんと旦那さんが家にいない平日の方が出かけやすいとのことだった。小日向さんにご家族がいることを知ったのは、お会いする日の5日ぐらい前のことだったと思う。

まずは、11日に送られてきたメールから記載しておく。

Date: Fri, 11 Jun 2004 11:49:24 +0900 (JST)
To: cec48450@hkg.odn.ne.jp (OKADA Atushi)

私もあれからまだ考えています。
切る理由はやはり何かがひとつではない気がします。
複雑に絡み合っている。

その中のひとつに、他の人も言うかもしれない
「自分のことが嫌いだから、好きになれないから」と、
私も自分のことが嫌いだ、嫌いと言うより自分自身で認めていない。

自分の兄にされたこと、例えば身体を触られる、その相手が兄、
性的な行為、一般的には家の中で起こりえないこと……。
当時の私の年齢では、その事の意味を全部は理解出来ていなかった。

でも、「恥ずかしい、いけないこと、痛い、止めて欲しい」そういう
気持ち、身体の感覚、罪悪感。理解できないなりに持っていたと思う。

相談？
出来なかった。
誰に言えるの？

誰にも言えない。

だったら忘れてしまえば良いじゃない、
なかったことにしてしまえば。

だから、何にもなかったみたいに、
学校に行って、勉強も頑張った。
友達もちゃんと普通にいた、
イジメもイジメられもしたことはない。
学校でも家でもいい子だった……。
だけどそうやって過ごしているうちに、
自分の感情まで忘れて、なくなっていくみたいだった。

笑っているけど、
楽しいのか？
嬉しいのか？

涙は出るけど、
哀しいのか？
淋しいのか？

確かに、出来事としての兄とのことは忘れることに成功した。
そのかわり気が付いたら、自分の気持ちとか、感情もどこかに置いてきていた。

私も他の人と同じように、進学、就職、親からの経済的自立は果たしてきた。
好きな男の子ができ、付き合ったり、ケンカしたり、別れたり……。
恋愛する年頃になり、手をつないで、キスして、セックスして……。

そういう中で、愛情だとか、安心感、信頼感、思いやり、
温かみを感じられるモノだと思っていた。

思っていただけで、私にはなかった。
正確には、一瞬感じて、恐くなって逃げ出した。

愛情や安らぎを求める自分、それらに安堵する自分がいる。
それに気が付いた時、愛さない、信じない、思いやらず冷めている……、
そうすることで閉じ込めていた私がボロボロと出て来たのだと思う。

それを「フラッシュバック」というのかな？
私はあまりそう言ってしまうのは好きではないけれど、
出来事も漠然と頭の隅っこにあって、思い出してしまった。

今、冷静に考えれば、
自分には責任ないでしょ。
私は何も悪くないよ。
だから自分のこと「キタナイ」って思うことないんだよ。
そう思う。頭では。
でも感情とか、感覚とか、細かな部分は全然追い付いて来てくれない。
文字通り、行為そのものまさに「切って捨てる」ですね。

「私はキタナイ」って自分を嫌悪していた。
ある意味、そんな自分をメチャクチャにしてやりたかった、
そうすることで、兄、両親、家、
今の時代血の繋がりがどれ程の意味や、
絆ということにおいての繋がりがあるのか……、
真面目に考える事さえ難しいけれど、
血の繋がった人たちを
自分と丸ごと一緒に嫌って、傷つけてやりたい、
「皆こそキタナイよ」と言ってやりたい、

自分を切るのは家族を切ること。
切っても切れない哀しい繋がりを断ち切ること。

だったのかも……。

命を育てる親でありながら、自分の命を切り刻む。
その時、子供の顔さえ浮かばない。

自分を否定する時、上にあがるだけでなく、下にさがって子供のことも、
親兄弟と同じように、自分の延長線で「切ってしまいたい」からだと思う。
子供にはそんな事は言えないけれど……。
大切で愛しているけれど。
切る時には、彼のことも自分と一緒に切り捨てているのだと思う。

本当なら１番、愛とか優しさとか暖かさで
繋がっていたかったはずの人達と、上手く繋がれていない。

かといって、何の未練も残さないほど潔くもない薄皮いちまいで、
繋がっていようとする自分がみっともなくて、また嫌悪する。

夫との結婚で暖かで穏やかな感覚を得た、
一方で相対する感情、感覚がいっぺんに見えてしまったのかな……。

今回の話をすることも、動機を聞かれて、
「何処かに 自分を 置きたかった。それで少し楽になりたいのかも」
そのような答えだったと思います。
でも踏み込んで言えば、自分の切り捨て場所にしようとしていた気がします。
ズルイですよね。

気持ちの意味で切る為に会った人に握手をしようと思った私。
そこに自分の中身が反映されているようで、
切ない感じ。

切っている、切ってきた理由がうまく伝えられてなくて、
少しでもと思ったのですが……、
かえって分かりにくくしたかもしれません。
ごめんなさい。

確か関東地方も梅雨入りしたはず、苦手な季節と言っていたけど、
1ヶ月ちょっとの我慢ですョ、それでは体に気を付けて。

6月11日　　小日向　花織

――今日は時間をとって頂きありがとうございます。先日メールを頂くまで、小日向さんにお子さんと旦那さんがいることを知らなかったです。家族がいるとなると、自傷行為に対する捉え方も変わってくるのでしょうか？今日はその辺りの話を聞けたらと思っています。まずはご家族のことを簡単に教えて頂けますか？

小日向●子供は男の子で、小学校2年生です。まだ7歳で、ひとりっ子です。旦那は公務員で、45歳です。朝仕事に出かけて、夜に帰って来る生活をしています。

── 先日頂いたメールの中に、「今日は夫と子供の３人でトマトや苺の苗を見に行って……」ということが書かれていました。自傷行為のことを知らない人から見ると、ごく普通の幸せな家庭のように映ると思うのですが。この幸せそうな家庭の中にある自傷行為という存在は、一体どんなものなのでしょうか？

小日向●確かに幸せです。その日は日曜日で、トマトとか苺とかを買いに家族で行きました。本当に普通の日曜日で、帰りに夕御飯の買い物をして、御飯を作って３人で食べました。それは凄く幸せなことだと思っています。

── 幸せな家庭と自傷行為。「一体何処で繋がっているのだろう？」っていう感じがしてしまうのですが。

小日向●こんな生活になったのは割と最近で、子供が産まれてすぐの頃はそんな状況ではありませんでした。私は常に具合が悪くて、精神的に落ち着かず、入退院を頻繁に繰り返していました。母親としてほとんど機能せず、家事もままならず、家にいても寝たきりで、最低限のことしかできませんでした。家に帰ってきたと思ったら、すぐにまた病院に入院して。子供も小さい時は面倒をみてあげられなくて。そのことを考えると、今は凄く幸せです。

── お子さんがまだ７歳とおっしゃっていたので、長い時間をかけて少しずつ体調が良くなってきた感じですかね。今回のお話を引き受けてくださったのは、精神的にも回復なされてきたということでしょうか？

小日向●そうですね。以前よりも幸せを感じています。今回のお話を引き受けたのは、特別「何を言いたい」とか「絶対これを話したい」とかではなくて、反対に聞いて貰えれば、そのことで話せることがあったら話せたらなって思っています。

私はずっと自傷行為をしてきて、最近は少し回数も減ってきたんですが、傷跡は実際に残っています。きっと跡はずっと残っていくし、話を聞いて貰えれば、ちょっと背負って貰えるかなって。重たい部分が何処か別の場所に保留されるような。自分から切り離されるのを期待しているのかも知れません。

── 話を聞くというのは、重みを分担するようなものかも知れません。相談というものは無意識の内にそうなっているのだと思います。自傷行為の回数が減ってきたということは、最近は切っていないということでしょうか？

小日向●半年ぐらい切ってなかったんです。でも春ぐらいにまた切ってしまって。

──何故また切ってしまったんですか？

小日向●自分でもこれだっていう理由は分からなくて。ただ切った時は久しぶりだったので、「癖みたいに切っちゃったのかな？」って思っていました。あまり深刻な状況ではなかったです。

──自傷行為をしている人たちの話を聞いていると、切ることが習慣になってしまっていて、切ることに重要性がなくなっているようにも感じます。中には「タバコを吸っているようなもんですよ」と言い切る女の子にも会ったことがあります。「あまり深刻ではなかった」というのは、「切ること」がすでに深刻な行為ではないということでしょうか？

小日向●切る瞬間やその前後は日常とは隔たっています。切るまでは苦しくて、辛くて、それが耐えきれなくなると切ってしまいます。切っている一瞬だけ気持ちがボロボロ崩れてきて、切り終わるとまた普通の所に戻ってくる感じです。変な話ですが、切った後は気持ちが穏やかになります。もちろん痛いし、「また切ってしまった」という後悔も残ります。私の場合は家庭があるので、切っている現場と、切り終わって穏やかになる現場が同じなので、少しギャップがあります。

──ご家族は自傷行為をしていることを知っているのですか？

小日向●そうですね、全部知っています。主人は最初から全部見てきているので、知らないことはないと思います。初めて病院に行く時から付いてきてくれて、今でも時間がある時は病院まで送ってくれます。

──病院まで送ってくれる旦那さんならどんなことでも話せますね。

小日向●主人とは内面的なこともずっと話をしてきました。今日までの10年間、本当に色々な話をしました。主人がいたから今があると思います。

──誰かがそばにいるということは幸せなことですよね。そのことに気付かずに日々を送ってしまえば、逆に悲しいことでもありますが。お子さんのこともお聞きしたいのですが、まずはどのような経緯で自傷行為と関わるようになったのか、またどのような理由で切っているのかを教えて頂けますか？

小日向●「何故切るのか？」っていうのは、自分でもその理由がまだ分かっていません。それに、それだけが理由だとは思いたくないのですが、自分の実家の家族と仲が悪いんです。両親、兄弟とは結婚してからほとんど会っていません。身内の結婚式や御葬儀でしぶしぶ帰るぐらいで、それがなければ絶縁状態です。親とも兄弟とも上手くいっていなくて、自分の中ではそれが心のモヤモヤになっていて、それが未だに処理しきれていないのかなって思っています。

──自傷行為の原因は親子関係だっていう人が実際には多いです。僕はその考えに疑問をもっていたのですが、今回いろいろな方にお話を聞いていると、家庭での関係が上手くいっていない方が本当に多くて正直驚いています。自傷行為だけに関わらず、最近起こっている若者の事件もそうですし、やはり親子関係、そこからくる人間関係の希薄さ、コミュニケーションの不足が大きな原因になっているように感じます。ご家族との仲はどのように悪かったのでしょうか？

小日向●当時は実家に、両親と兄が２人、父方のお婆さんがいました。私を含め６人で生活をしていたのですが、お母さんとお婆さんが常に喧嘩をしているような感じでした。父は母をかばわず、家の中はピリピリしていて、母親は働きに行き、私たちの面倒はお婆ちゃんがみてくれていました。そんな中で、私は実の兄に性的な行為をされ、誰にも相談できずに悩んでいました。父親にも言えず、母親も仕事で忙しく、私が悩んでいても、家の中には相談できる相手がいませんでした。お婆ちゃんは面倒をみてくれているけど、母親を虐めるし、悪口を言うし、好きだけど嫌いで。兄には体を触られ、家の中は居心地が悪くて……。

──それはいつぐらいの話ですか？

小日向●小学校の頃から、中学２年ぐらいだったと思います。

──そんなに長い間お兄さんに性的な行為をされて、それでも誰にも言えない状況が続いたんですか？

小日向●他のことを相談しても、いつも家の中が厳しい雰囲気だったので誰にも言えなかったです。

──リストカットを始めたのはその頃ですか？

小日向●いや、その頃は切っていなかったです。主人と知り合ったのは具合が悪くなる前で、子供が産まれたのは22の時です。初めて切ったのは、結婚して3ヶ月ぐらいの時でした。それまでは普通に学校に行って、友達も普通にいました。気分の起伏も結婚するまではそんなにありませんでした。だから主人にも、「俺と結婚したのが悪かったのかな？」って言われたこともあります。

結婚してから切り始めて、しばらくして妊娠して、子供が産まれて。でも最近になって考えるのですが、「彼が大切な人だからこそ」そうなってしまったのかなと思います。やっていることとは凄く矛盾するんですが、彼のことが凄く大切で、大事で、私も彼に大切にされているなって感じて。でもそう思った時に、今までのことが甦ってきて、今になって過去の苦しさに捕らわれてしまうんです。

――旦那さんと出逢って結婚して。そのことが幸せだったからこそ、過去のことがフラッシュバックしてきたんでしょうか？

小日向●そうかも知れないです。凄く時間は空いてしまったけど。

――フラッシュバックしてきたきっかけは何だったのでしょうか？何か具体的なことはありましたか？大抵の人が「結婚もして、旦那さんもいて、大切にされて」と感じてしまうと思うのですが。

小日向●具体的な出来事は自分でも覚えていないです。気持ちの上では、「大事な人がいる」「私も大事にされている」っていうのを一緒に生活していく上で感じ取っていました。でも私にはそういった経験が今までなかったから、凄く嬉しかったけれど、それがなくなっちゃいそうで怖かった。幸せだけど、幸せすぎて、なくなってしまいそうで怖かった。

――自分が今まで感じてこなかった経験や感情に戸惑ったのでしょうか？幸せの受け止め方が分からなかったというか。幸せすぎて不安になるというか。

小日向●「馴染めない」「この幸せはなくなるんじゃないか」って思っていました。「なくなっちゃうぐらいだったら最初から自分でなくしてしまえ」って。

――感じたことのない「幸せ」とのギャップでしょうか？そのギャップが怖くて、「だったら最初からなくしてしまえ」というような。「幸せがなくなる」という不安から自分を守る手段であったり。「傷付くなら最初から傷付かない方がいい」というような。

小日向●まだ信じられない所があって。今までと違うから「いつまで続くんだろう？」「このまま信じていいのかな？」って思ってしまって。「いずれなくなるなら最初からなしにしてしまえ」っていう感覚があって。その感覚が「切る」という行為に出たのだと思います。

――最初に切った時は、そういった感覚や認識、切ることに対する目的をはっきり持って行動に出たのでしょうか？

小日向●その時はそこまで冷静ではなかったように思います。自分でも切ったことに驚きました。実は腕を切る2日前ぐらいに、主人の目の前でハサミで自分の髪の毛を切ったことがあるんです。泣きながら主人が見ている前で、自分の髪の毛をひと束つかんでハサミでジョキって。主人がそれを見ていて、そのことが頭に残っていて、それで腕を切ってしまったんです。幸せなのも不安で、幸せになるのも不安で、上手く言えないのだけど……。

――人それぞれ理由が違うのは当たり前なんですが、「自分の居場所がない」「相談できる相手がいない」ということを口にする人が実際には多いです。そういう気持ちはあるのでしょうか？

小日向●私も切り始めた時はそこまで自分でも理解できていなかったと思います。でも「誰もいない」っていう気持ちは私の中にもあったと思います。幸せの一方で、今まで見えていなかった私の感情に気付いてしまったのかも知れない。今までなかったもの、隠してきた感情が甦ってきて。それまでは友達もいて、仕事も上手くいっていて「寂しい」とかそういう感情は何処かに隠していたんだと思う。でも主人と結婚をして、その「寂しい」っていう感覚が見えてきて、「私は寂しいんだ」ってことに気付いてしまって。

――つまり、お兄さんや両親の中で生まれた感情が甦ってきたということでしょうか？人との繋がり方はそれまでどんな感じだったのですか？

小日向●友達はいたけど、結局表面的な感じでした。旦那に対しては、みっともない自分でも大丈夫だし、何処を見られてもこの人の前では平気なんだって思っています。

自分の中では主人に対して「すまない」っていう気持ちがあって、今のことだけじゃなくて、自分が兄弟にされてきたことに対しても「悪いな」って思っています。負い目じゃないけど、そのことに対して自分を責めている部分もあるんだと思います。だから「私でいいのかな？」「私にはその資格がないんじゃないのかな？」って考えてしまいます。

――その気持ちが罰として自分の体に向かっているのでしょうか？「切る」という行為は、小日向さんにとってどのような意味を持つのですか？

小日向●ストレートに言えない気持ちを、切ることで解消しているんだと思います。切ることが言うことの代わりであったり。

主人と病院のカウンセラーの人には本当のことが言えるんです。でもその2人にさえ言えなくなった時に切ってしまうのだと思う。「苦しい」が言えない時に切るんです。もちろん言ってはいるんですが、実際にその言葉を口に出して「苦しい」とか言うと、その言葉だけじゃ言い表せない気持ちが心の中にはあって、それを上手く言うことができなくて。それを言いたいし、伝えたいし、聞いて欲しいし。それができないから切ってしまうんだと思います。でも、切っていても苦しいと思う気持ちが続くと、だんだん「いなくなりたい」って思うようになって。

――その「いなくなりたい」っていう気持ちは、「消えたい」のと「死にたい」のと、どちらの意味ですか？

小日向●「消えたい」の方です。死にたいってゆうよりは消えたい。「消えられるものならば消えてしまいたい」っていう気持ちです。

――旦那さんは大人ですが、お子さんはまだ子供です。小日向さんがいなくなってしまったら生きてはいけないのではないでしょうか？　お子さんのことは考えたりしませんか？

小日向●考えたりはします。でも本当に思い詰める時って、「自分の体なんだから勝手でしょ」って思ってしまう。

――僕の母親が「子供を産むということは、子供の命を育てることだ」と言っていました。自傷行為をすることが、死ぬことを前提としないにしても「子供の命を育てる親が、自分の命を切り刻む」ということに対してはどのように考えていらっしゃるのでしょうか？

小日向●ちょっと答えられないかも……。難しいです。意識としてはあるけれど、切っている時は何もないんです。

――切っている時に、お子さんの顔がよぎったりはしないですか？

小日向●切っている時は誰の顔も思い浮かばないです。

――「子供を育てなきゃいけない」という気持ちは、もうその時にはなくなっているのでしょうか？

小日向●そういう気持ちはもう何処かに追いやっているんだと思います。「旦那がいるから大丈夫……」とか、そんなことを考える余裕すらないです。

――ご家族がいていつ切るのですか？

小日向●今は子供が学校に行っているので昼間です。あとは家族が寝静まった夜中に切ります。

――旦那さんは切ることをとめたりしますか？

小日向●とめます。主人がいる所で切っていると、場合によっては叩かれるぐらい怒られます。切っている時、切ろうとしている時はとめたり怒ります。でもやってしまったことに対しては怒らずに体の心配をしてくれます。

――お子さんは知っているのでしょうか？まだ小さいですが、「切る」という行為を認識していますか？

小日向●知っていると思います。「自分で切る」ということを認識しているかは分かりませんが。私がそのような行為をしていることを、なんとなくは感じ取っていると思います。病院に行くことも分かる年齢だから、子供も子供なりに感じ取る部分もあると思います。切っていることを直接伝えてはいませんが、「お母さんは何曜日に病院に行くから」とかそういうことは知っています。

――お子さんに見られたことはありますか？

小日向●血とかは見ていると思います。家の中で切っているので。なるべく目に触れないうちに片付けるようにはしているのですが、血が床にこぼれたままになっていて、そんな光景を子供も目にしていると思います。

――お子さんに何か聞かれませんか？

小日向●包帯とかを目にすると「痛い？」「お母さん怪我したの？」って聞いてきます。「料理をしていて切ったの？」っていう意味で聞くんですが、ドキッとします。薄々わかっているのかも知れません。

——お子さんと一緒にお風呂に入ったりする時に、傷跡を見られたりはしないですか？

小日向●進んで見せたりはしないです。でも、あえて隠してごまかそうとは思いません。彼がどう受け止めるのか、彼にも子供なりに考えとか感じ方があると思うんです。説明っていう言い方はおかしいですが、もし聞かれれば言える範囲のことは答えようと思っています。

——失礼なことを聞くかも知れませんが、お子さんが産まれた時に「やめよう」っていうふうには感じませんでしたか？

小日向●子供が産まれた時点ではなかったです。ただ大きくなるにつれて、「分かるんじゃないかな？」って思い始めて、「やめられたら」とは思いました。

——「そろそろやめる時期なのでは……」と思ったりはしないですか？

小日向●やっぱり「やめたい」とは思っています。いつ結果として出るかは分からないけど、「やめられない」とは思わないです。時間はかかると思うけれど「やめられる」と思っています。

——やはり「やめたい」とは思っているんですね。たまに自傷行為をしている方と話をしていると、「私は病気だから」「普通の人とは違うから」「所詮健常者の人には分からないでしょ」って言われることがあって。切ることに対しても「病気だから仕方がないでしょ」って言うんで、「病気だったら仕方がないでいいの？」って思ってしまうんですが、その辺りはどのように考えていますか？

小日向●「病気だから仕方がないでしょ」っていう言葉は私も言ったことがあります。でも実際そう思って言ってきたのかというと、本当はそうではなくて。言葉では言ってしまうけど、「病気だから仕方がない」とは思っていません。そう言って片付けてしまうこともあるけど、病気も、やっていることも仕方がなくないし、「すまない」っていうふうに思っています。

——「所詮健常者の人には分からない……」という言葉はどうなんでしょう

か？確かに切っている人の気持ちは分からないです。知識でいくら理解してもたかが知識に過ぎないので。だけど「病気だからね」と答えていいのか、「健常者だから」と言って見放せばいいのか。

小日向●「病気だから仕方がない」って言う人もいると思います。でもその場は仕方がなくても、仕方がないままにはしたくはないです。私の周りにもそう言う人がいます。「また切っちゃった」と言って笑いながら自分の傷口を見せてくる人もいる。確かに私も同じことをしているし、切っている時は子供のことも頭にはない。でも「仕方がない」って言って終わりにできるほど何も考えていない訳ではない。私はやめられるのならやめたいし、すぐには無理かも知れないけど、できないことだとは思いません。

――小日向さんは、「生きていること」と「生きていくこと」のどちらが辛いですか？

小日向●「生きるのがその時点で辛い」っていうのと、「この先もまだ続くんだ」って思うことが辛いです。「まだ先があるんだ」「辛いのがまだ続くんだ」って思うことが辛い……。

――僕も「こんな夜がいつまで続くんだ」と考えることがあります。人生いつ終わるかは分からないけど、人は時間の流れを意識すると辛くなってしまう、たぶんそういう生き物なんだと思います。

小日向●私は今年で30歳になりました。具合が悪くなったのが21歳の頃なので、もう10年ぐらい経っています。でも当時の私には、先のことが全然想像つかなくて、「30代の私なんていないんじゃないのかな」「30の前にはきっといなくなる」って思っていました。

――どれくらいそんな時期が続いたのでしょうか？

小日向● 21の時に切り始めて、最初の2年間ぐらいは深くは切らなかったんです。でもその後は薬を大量に飲みながら切りだして、オーバードーズもして、それが26歳ぐらいまで続きました。妊娠した時にはすでに薬を飲んでいて、子供が産まれてくるまでは心配でした。でも子供が産まれてからはまた飲み出して、子供のことを想うけど、実際には何もできず、子供にも自分にもイライラしていました。

――最近も以前のように、「いつかいなくなるのかも知れない」という気持ちがあるんですか？

小日向●最近は少し先が見えてきて、「もしかしたらこうかな？」「こうじゃないかな？」って考えられるようになってきました。ちょっとは平穏な感じで思い描いたりもしています。でも「これからもずっと変わらない」っていう思いもあって、家族３人で暮らしていても、「苦しいのはずっと続いていくんだろうな」っていうふうに感じています。

――切ることで苦しみや不安は解消されるのでしょうか？

小日向●安心感はあります。だけど「切る理由」は１つに限定できなくて、「消えたいから」「安心したいから」のどれか１個ではないです。「苦しいよ」「不安だよ」「消えたいよ」って思っているのも嫌で、そう思うこともまた苦しくて。その中でグルグル回っていて、全部が理由で、全部が輪になっている感じです。「これがこのまま続くのかな」って思うと消えたくなって、ずっと答えは出ないような気がします。ずっとずっと探しても、探している段階なのか、見付けた答えを繰り返しているのか……。

――切ることに対して「葛藤」というものはありますか？

小日向●葛藤はあります。「自分に対して」っていうのが大きいけれど、「自分に対して」っていう時は、夫も子供も自分の一部として付いてきます。「誰かに対して」とかじゃなく、自分に対して葛藤する時は、夫も子供も一緒に考えています。「誰か１人に対して」とか「何か１つに対して」とかではなく、何かを考えた時はみんなもそこに付いてきます。

――「お子さんが真似をして自傷行為をしだしたら」という心配はないですか？

小日向●「切っている時は子供のことは頭にない」って言ったけど、やっぱり普段は子供のことを考えるし、「大きくなって同じことをしたらどうしよう？」「私の真似をして切ってしまったら？」っていう心配はずっとしています。子供が大きくなるにつれて心配になって、「真似るんじゃないかな？」「私はその時何て言ってあげるんだろう？」って漠然と考えたりもします。私も切っている訳だし、その気持ちが全く分からないとは言えないし。でも、「仕方がないよね」とは親としては言えないです。

――やはりお子さんが切った場合はとめますか？

小日向●とめます。

――その時は何て声をかけてあげますか？「子供にどう接していいのか分からない」という親御さんもたくさんいると思うのですが。

小日向●リストカットをするかしないかに関係なく、子供を心配する時は、お腹の中にいた時のこと、その時何を思っていたのか、そんなことを話すような気がします。産まれてきてからのこと、どういう気持ちで見守ってきたのか。接し方が分からなくなったり、何て言っていいのか分からなくなったら、「何て言っていいのか分からないよ」「どう接していいのか分からないよ」って最後はそのまま言ってあげるしかないように思います。それが何の助けになるかは分からないけど。

――小日向さんが御両親に対してして欲しかったことを、今度は親としてお子さんに伝えてあげるような気がしたのですが。小日向さんがして欲しかったことをお子さんに伝えるとすると、それはどんなことでしょうか？

小日向●私がして欲しかったことを伝えるとなると、やっぱり私は話を聞いて欲しかった。聞くだけじゃなくてちゃんと私を見て欲しかった。

――親子の会話は子供が育つ上で最も大切なコミュニケーションのように思います。これまで自傷行為と長く向き合われてきて、たくさんの経験をされてきたと思いますが、誰かからかけてもらった言葉や会話の中で、勇気づけられた言葉、支えになってくれた言葉はありますか？

小日向●本当に頻繁に切っていた時、切りすぎて貧血になってしまったことがあるんです。私は内科にかかり、私の内面的な事情をいっさい知らない内科の先生に診てもらっていました。ある日その先生が病室に回診に来てくれて、私が笑ったのを見てこう言ってくれたんです。「今日は笑ってるね。笑顔なのがいい」「嫌なことは全部忘れていいんだよ」って。その先生は私と特別面識があった訳じゃないのに、「笑ってるね」「もう忘れていいんだよ」って言ってくれたんです。私はただ貧血を診てもらっていただけなのに。「分かって貰えた」じゃないけど、「あぁ、もういいんだ」ってその時初めて感じました。

――言葉は人や言い方でずいぶん変わりますよね。

小日向●同じ言葉でも、人とか響きとかで全く違う。全然気持ちに入ってこないものもあれば、そうでないものもある。同じ言葉を言うのでも、伝わったり伝わらなかったりするんだなと思います。

――「子供には何も望まない、生きていてくれさえすればそれでいい」、友人の母親が昔こんなことを言っていました。やはり母親としては、子供が生きていることが喜びなのでしょうか？子供に生きていくことを伝える為に、どんなことを考えていますか？

小日向●私がやってきたことは言い逃れできないし、どういう言い訳も通用しないと思う。私が子供に「生きていくことを伝える」というのは非常に難しいのかも知れない。でももし私に何か伝えられることがあるとしたら、「苦しくても辛くても、それでも生きていかなくちゃいけないんだよ」っていうことだと思う。それを伝える為には、私自身が苦しくても生きていかなくてはならないし、私がそのことを実行することでしか子供には伝えることができないんだと思います。

――お会いする前に頂いたメールですが、苦しい中にも幸せがあるように感じました。最後に最近感じた１番の幸せを教えてください。

小日向●本当にささやかなことなんですが、たまたま家族で外にご飯を食べに行った時、夫が注文したものとは違うものが２度も運ばれてきて。それを家族３人で大笑いして。みんなが笑っていて、私が笑っていて。外は雨が降っていて。だけどみんなで笑っているその場の雰囲気が幸せでした。

Date: Mon, 31 May 2004 01:43:34 +0900(JST)
To: cec48450@hkg.odn.ne.jp (OKADA Atushi)

今日は夫と子供の３人でトマトや苺の苗を見に行って……。ごく普通の日曜でした。ありふれた毎日がある一方で自傷している私がいて、「ささやかなギャップ」の中に居るように感じています。なにか、何が話せるか分からないけど、岡田さんが私に聞きたいと思ってくれる事は私の言葉に出来るかぎりでなら、構いません。私で良ければ。連絡下さい。

失われゆくリアリティー　写真界から

ふと本屋に立ち寄る。並べられた写真集の中に、どれだけの真実があるのかと考える。軽い空気が流れ、真実は何処かで拒まれる。「写真は真実を写す」なんていう言葉は果たして本当なのだろうか。『Cord』を発表して以来、世の中の動きが少しだけ見えてきた。

誰が写真を殺すのか？

ある写真評論家に『Cord』の感想を尋ねたことがある。その時僕は、「君の写真は写真じゃないからね」と言われた。つまり「これは写真じゃない、デザインだ」と。写真に関わって生きてきた人たちは、案外簡単にこの言葉を口にする。

「これは写真じゃない、デザインだ」

僕はこういった言葉を聞く度にいつも感じることがある。

「写真をすることにそれほどの意味があるのか」
「写真じゃなければ感想を言うことも出来ないのか」

僕は写真をすることにそれほどの意味があるとは思っていない。むしろ、その作品が「何を伝えるか」が大切であって、その手段や方法論はどうだっていい。

簡単に考えてみればすぐにわかる。映画を見終わって感想を尋ねられた時に、「これは写真じゃないからね」と言うだろうか。音楽を聞いて、「写真じゃないから分からない」と答えるだろうか。写真じゃなくなった途端に語る言葉もなくなるのだろうか。写真じゃなければ、感じることも出来ないのだろうか。

作家は自分が感じたことを作品にする。ならば評論家も感じたことを自分の言葉で表わしたらいい。評論家に求められるものは難しい知識や言葉ばかりだろうか。写真じゃなければわからないのならば、素直に「わからない」と言えばいい。「芸術」にしろ「評論」にしろ、最後に求められるものはその人の生き方そのものではないだろうか。

なぜ真実は隠されるのか？

あるギャラリーに『Cord』の写真展を開かせて欲しいと頼みに行ったことがある。そのギャラリーは、ドキュメンタリー写真から風景写真まで、長年に渡り日本の写真文化の発展を担ってきたギャラリーだ。しかし『Cord』の写真展の開催は、残念ながら断わられてしまった。その理由はこんなものだった。

「ギャラリーのイメージが悪くなるから……」

同じ時期、ある有名な写真雑誌へ『Cord』の掲載を頼みに行った。既に掲載の承諾を得てはいたのだが、やはり最後になって同じ理由で断わられた。

本屋に行けばたくさんの写真集が並んでいる。「戦争」や「内乱」は相変わらず紙面をにぎわし、ギャラリーや写真界はあたかも写真は真実を語るかのようにうたっている。

だが、「戦争」や「廃虚」の写真だけが真実なのか。
イメージを損なう写真は隠されるのか。

作家はイメージなどを考えて作品を創りはしない。現実は想像を遥かに越えて変化してゆく。臭いものには蓋をされ、軽いリアリティーが表へ出てゆく。そんな流れを誰が創る。

今や日本は、世界最高のペースで長寿化が進んでいる。2003年に生まれた子供の半数は、男性81.53歳、女性88.09歳まで生きると言われている。しかしその反面で、日本の自殺者の統計は2003年には年間3万4千人にも達している。戦争でもテロでもない、空爆の音さえ聞こえないこの国で、1日100人近い人が自ら命を絶っているのも事実なのだ。

写真家とは何者なのか？

戦争に行ったからといって現実と向き合っている訳ではない。『Cord』のような世界もまた現実の１つの形なのだと考えている。

以前あるフォトジャーナリストの方と話をする機会があった。その方は、ベトナムやカンボジアなど、世界各国の内乱や戦争を長年に渡って撮り続けている有名な写真家だ。

僕はその方との会話の中で、どうしても納得出来ないことが幾つかあった。「それは作品を創る上では嘘をついているのではないか」と。つまり写真に対しての考え方に違いがあったのだが、最後にその方が言った言葉が印象的だった。

「だってあなたも有名になりたいでしょ」

これが長年に渡り戦場を歩いてきた人の言う言葉だろうか。確かに世界には抱えきれないほどの問題がある。写真家が向かうべき場所はたくさんある。しかし目の前の現実から目を背け、世界へ羽ばたく写真家が、いったいどんな真実を語るのだろうか。

広辞苑より

評論＝物事の価値・善悪・優劣などを批評し論ずること。
また、その文章。

評論家＝評論をする職業の人。転じて、
自分で実行しないで人のことをあれこれ言う人。

痛い人——メールにて

kumachinn（35歳・男性）
Date: Thu, 11 Sep 2003 00:14:54 +0900
To: cec48450@hkg.odn.ne.jp (OKADA Atushi)

こりゃ痛い人だな
でもワタシより11歳若くて
ワタシより偉いっぽいですね。
これからバラ色の人生が待っているのかもしれません。

こういう精神的になにか欠落している人が
たまにうまく行けば芸術家として認められたりします。
ワタシは精神的に決定的な欠如があることは
この方と共通するのですが
この方とは違い才能に恵まれないので
ただ醜くのたうちまわって死んでいくのだと思います。

今日も一日を生きた。
それはいったい何の意味があったのか。
それでも生きていくのが、無能人の人生です。

The content within this work is no more than
a preface to the 21st century.

心配してくれてありがとう

大阪芸術大学卒業制作展感想ノートから／2004年2月／一部公開

リスカしてしまう気持ちは自分とは違う。世界が違うと思った。
見ていて頭痛を覚えた。
一種の自己愛なのだろうか。理解できませぬ。

リストカットする人って結局何に対しても覚悟していないのでしょう。生きながらにして死にたいのかと思うことをしてみたり、しかしそんなことをしながらウダウダ生きている感じがする。人間のみが地球上の動物の中で、他の同種と自身を傷付け殺める意志と能力を持っているという事実は、リストカットする人の様にゆるくぬるく生きている人には分かっていないのでしょうね。マスターベーションと思います。
Y．K

すごすぎ。世界観というか、徹底さというか。ここまで自分の世界が出せたら何か違うものを見てしまう気がする。凄いです。
K．S

リストカット、つまり手首を切ることでしょうか？
なんでリスカって略すのかな？
まだ悲しみの果てじゃないのかな？
K．J

ぼくはリストカットなんてしたこともないですけど、友人にずっとずっとカットをつづける娘がいます。安定ざいの量もはんぱではなく、いっしょにまちへ出てけんかになり、薬を一気飲みして、本当にたいへんな事になりました。正直本当につかれました。自分自身でもどうしていいのか分からなくなっているみたいで、リスカなんてやめろといっても、「なにがわるいんだ」、出血がひどくなって病院へはこばれ「大丈夫か？」と聞くと「心配してくれてありがとう」、「じゃあいったいなんでそんな事するんだ、はじめからするな、心配させるな」「どうしようもない。声がきこえてきて、さからえない、そして安心するの……」おれはいったいどうしたらいいのか全くわ

からん。１つだけなんとなく感じるのは、周りの人を思う、思いやる気持ちが、彼女にはあまりないように感じる。でも、だからどういうわけはない。そういう人はおれもふくめいっぱいいる。おれは彼女が、「どうしようもなくなって切る」事と同じように「どうしようもなく切らないでほしい」と思う。そう思う事はどうしようもない。彼女が自分に正直なように、おれも正直にそう思う。作品の中に出てくる人たちは、本当に自分に正直に生きているんだろうと、こんきょもなく思う。ぼくは彼女にどこかあこがれる所もある。彼女もぼくにどこかあこがれているようだ。こんきょなくありがとう。
S. S

「リスカ」というコトバが気になります。私はここへ来るまで、このコトバを知りませんでした。私は、こういう、始まりは誰かが名付けた名称が当たり前のように用いられることに抵抗を感じます。「リスカしている」、それだけで営みがくくられてしまい、そういうコミューンというか、世界となってしまうのではと思うからです。そういうある共通語が当たり前になるのは違うと思っているのです。リスカというコトバでくくられることなんかではなく、ひとりひとりなのですから。すいません。ホタルの光が流れだしました。これで一旦出ないといけないのでペンをおきます。是非また出会いたいです。
A. T

私は飛行機に乗るのも、エレベーターに乗るのも怖いぐらい怖がりです。痛いのは大嫌いです。「長生き」は私の永遠のテーマです。死にたくないです。この岡田君の作品のテーマの人達は、自分から自分を積極的に傷付けている。信じられない。全く、一体何が？！誰が？！彼、彼女たちをこんな気持ちにさせてしまうのでしょうか。自分で勝手にそんな気持ちになって勝手に切っているの？そういう人も中にはいるかもしれないけど、きっと違う、何か、後ろの方で操っている社会が何か見えるような気もする。私はリストカットとか自分の体を傷付けてしまう人のことを、「かわいそうに」とは思いません。そんな人たちを否定したい気持ちでいっぱいです。でも、何か後ろの方で……何かが……うーん。
A. R

写真一枚一枚がインパクトがあって圧倒された。
言葉ひとつひとつが痛かった。
I．M

いきること　しぬこと
くるしむこと　たのしむこと。
どんどん時は流れて
それでも命ある限り
生きていかなければ。
Mo I.

岡田さんを知って大阪芸大に決めました。
今日は安定剤を持った彼氏ときてます。
私が入るころ貴方はもういないだろうけど
追っていきたいと思っています。勝手にすいません。

思案の結果か、単なる身振りか……

気持ち悪かったです。
でもこんなに気持ち悪いのは凄いと思いました。
Y．K

静と動、生と死はつねに共存しているのでしょう。
止まっているものほど多くを語ります。
激しくて美しくて、痛い。
とても素晴らしいです。
ありがとう。
Y．R

自分の中にいろいろな自分がいて、ちょうど1年くらい前まではひどくわけもなくしんどかったように思う。「何かが壊れていく時」と「何かがうまくいく時」の快感の度合いが私の場合まったく同じで、時々「わぁー」と1人で泣いたりしました。そのことを心許せる親友に話してみると、「いろんな自分」はみんな持っているし、怖がる必要はないよ。私だって生きてるか死んでいるかわかんなく

なる時もあるけど、大事なことはそれじゃないってこと、本当は分かってんでしょ。と、そういうことを言ってくれて、私は救われた思いをしました。その思いと同質のものを私はこの作品に感じました。ありがとう。
Ｋ．Ａ

とても生々しい息づかいの様なものを感じました。
写真ってここまでリアルに表現できるのですね。
ドキリとしました。連絡下さい。
Ｎ．Ｋ

少しめまいがしています。
どんな人なのか興味あります。
よかったらメールください。
Ｈ．Ｍ

写真もすごくきれいで、「本気ってこういう事かな」と思いました。けど痛々しいものばかりで、どうしてこんな写真が多いのかわかりません。友人に死体や出血などの写真を集めていて、そういう絵を自分でも描いていて……「どうしてそれが好きなの？」ときくと、「これはビジュアル的に好きなんよ、別に殺人がしたいとかじゃなくて」と言っていましたが、あんまり理解できませんでした。この作品を見ていて、その友人を思い出しました。その子の腕にも切り傷が沢山ありました。そう言えば確かにありました。何も知らなかった私は「ケガしたの？」とききき、彼女は無言でそれを隠してしまった事を覚えています。あれは「リストカット」だったんですね。私は「人それぞれ」と思い割り切っていましたが、リスカってとても深刻なんですね。解決法って……？？ないのですか？言われてみれば私の周りに３〜４人リスカをしている子がいます。悩みを外に出せなくてそうしているのですか……？リスカの原因はそれぞれ異なると思いますが、見ていることしかできない私はギモンばっかりです。わかることはできません。しかしリスカをやめたいのに続けてしまう……、解決できないんですか……？
Ｔ．Ｋ

自然と涙が出てしまった。
私はリストカットしてないから、その人の気持ちとかよくわからないけど、周りの人、悲しませせるんじゃないかなと思う。でも周りの人を悲しませせるようなコトは私もしてる。全然違うけど。でも一つ思ったことがあって、みんな体は全部動くのにリスカしてるけど、体動かない人とかはそういうことも自分でできないんだなと思ったの。自分がここに生きているイミ、考えること必要かもしれない……。

えぐい。虫の死体とか。
けどリスカの話の写真はよかった。

えぐい。自分で自分を傷つけるヤツはアホやと思う。

きもちわるい。

痛々しいけど真正面からとりくむ姿勢が私はすごいと思ったよ。
リスカをする気持ちは分からないけど。

うれしい気持ちやよろこびは人とはなかなか通じることはできないけど、「痛み」は深いところからわかりあえるものだなと思いました。こんなカタチで表現できるのはすごいと思う。こんな世の中でいいわけないですよね。

「なんで生きてきたんやろ」
チック症状のいとこが問います。
この作品を見せてやりたい。
痛い、弱い、淋しい。

悲しい世界 ―Hi-STANDARD-High―

2004年6月5日　土曜日
田村美緒　22歳　大学院1年　1981年生まれ　東京都江戸川区

土曜日の昼過ぎ、新宿のアルタ前で彼女と待ち合わせをしていた。週末のせいか、新宿はいつも以上に人で溢れていた。お互いが分りやすいようにと思い、無難にその場所を選んだのだが、丸の内線に乗ってそこへ向かうと、彼女は遠くからでも分かるような長いリストバンドをして待っていた。手首から肘までを覆う真っ白なリストバンド。暑さが増してきた新宿の街で、彼女の右手は目立っていた。

――右腕のリストバンドが気になるのですが、それは傷跡を隠す為のものですか？

美緒●去年はここまで酷くなかったのでまだ大丈夫だったんですけど、今年は手首から肘にかけて切ってしまったので、さすがにちょっと出せないから……。

――そこまで酷い傷跡を見たのは僕も初めてかも知れません。

美緒●そんなこと言われても全然嬉しくないです。

――傷跡があることや、自傷行為をしていることを人に知られることに抵抗はありますか？

美緒●傷を見られるのも嫌だし、切ってることを知られるのも嫌です。

――自傷行為はいつからしているんですか？

美緒●最初に切ったのは高校生の時です。それからはちょっとブランクがあって、去年の春ぐらいからまた切り始めてしまいました。

――最初に切った時はどんなことが原因だったんですか？

美緒●家庭での関係がよくなくて。苛立つことが多くて。私は怒ったりするのを外に出すことができなくて。何処にもぶつけることができなくて。だからそのイライラしたものを発散させるために、腕を切ることに走ったんだと思います。

――どんな家庭だったんですか？

美緒●私の家は母子家庭なんです。母もちょっと精神的な病気を持っていて。凄く不安定な人で、けっこう私に当たってきて。

――立ち入ったことを聞きますが、お父さんは亡くなられたのですか？

美緒●父は母に暴力を振るう人で、それで両親は別れました。父はまだ生きています。

――小さな頃からお母さんが暴力を受けている姿を見てきたんですか？

美緒●たまに見ることはありました。6歳離れた姉がいて、私をかばったりしてくれたんですが、机とか椅子とかを投げるから、2階にいてもその音が聞こえてきて。凄く怖い思いをしたのを覚えています。

――父親の暴力はいつ頃から始まったんですか？

美緒●もの心がついた時には既にそんな感じでした。私が小学校2年生ぐらいの時に両親の別居が始まって。だから父親というと「夜にふらっと現われて、ひたすら暴力を振るう人」っていうイメージしかなくて。私の中では、父親の概念が抜けている感じですね。

――ご両親が別居を始めてからも暴力は続いたんですか？

美緒●別居してからは、私が知っている所で2人が会うことはなかったです。離婚の準備で2人が何処かで会うことはあっただろうけど、私がいる所に父親がやってくることは全くなかったです。

――じゃあ今は全く父親とは会わない状況なんですか？

美緒●そうですね。父親とはずっと会ってこなかったです。でも去年かな、大学4年生になってから、また父親と接触するようになったんです。うちの母がキテレツな人だから、まともに仕事をすることもできなくて、私の大学の学費をずっと滞納していて。それで父親が急に現われて、学費を払ってくれることになったんです。姉が父親と連絡をとっていたみたいで、それで久々に父親と再会したんです。だけどやっぱり知らない人でした。「知らないおじさんが現われて学費を払ってくれた」っていう感じでした。

——「私の父親だ」っていう記憶や思いはなかったんですか？

美緒●ないですね。

——なんだか悲しいですね。じゃあ切ることのきっかけは、ご両親の離婚や、そういった家庭環境だったのでしょうか？

美緒●それよりは、父親の暴力せいで母が精神的な病気になってしまったことに対する弊害の方が大きいかと思います。

——お母さんの病気は暴力が影響しているんですか？

美緒●母は父の暴力のせいで「PTSD」になってしまったんです。

——「PTSD」というのは「心的外傷後ストレス障害」の略だったかな。大きなショックを受けた後に精神的な障害が現れるという。詳しいことを知らないのですが、どういう症状があるんですか？

美緒●母は病気になってからが長くて、単に「PTSD」というよりは、ちょっとおかしな感じなんですよ。さっきまで躁状態だったと思うと、急に切れてしまったりとか。躁鬱が激しくて、それが急に入れ替わったりして。姉と私は慣れっこだけど、周りの人から見たら、「お母さんやっぱり普通じゃないよ」って言われて。母も私に依存してくるんですね。それを私が面倒を見る。だから共依存なのかな。でもそれが私の運命なんだろうなって、高校生の時からずっと思っていて。

——高校生の時っていうと、どれくらい前のことですか？

美緒●もう7年ぐらい前ですかね。16歳ぐらいからのことです。

——お母さんの病気が重なって負担になったのかな。それが原因で切りはじめたのだろうか？

美緒●そうですね。感情をぶつける所がなくて。

——初めて切った時は、「死」というものが頭の中にはあったんですか？

美緒●その時はあまり考えていなかったと思います。「自分の置かれた状況をなんとか変えたい」とは思いつかなくて。「全部仕方がない」「私に架せられた運命なんだ」としか思っていなかったです。その頃は「切る」ことに対してもそんなに自覚がなかったし、「自分が今どういう精神状態なのか」「うちの家庭環境は果たしてどうなのか」、そういうことが分かっていなかったから。だから単なる「ストレス解消」でしかなかったと思います。「自傷行為」ということも知らなかったし。

——「自傷行為」ということを知らないで切っていたの？知らないのに切ってしまうのはどうして？

美緒●何故かな？　行為も言葉も知らなかったんですが。

——切るきっかけになるようなことがあったんですか？

美緒●最初のきっかけは分からないけど、切ったら当たり前のように痛いじゃないですか。「痛い、痛い」って思っていると、さっきのイライラが相殺されるっていうか、痛い方に気がいってしまって。たぶんその為に、嫌なことを忘れる為に切っていたんだと思います。

——最初はそのことさえも知らなかったと思うのだけど、「切る」ということを自覚しながら切っていたんですか？

美緒●衝動だったんじゃないですかね。分かんない、あんまり覚えていないです。

——「知らないのに切ってしまう」というのは、僕は切った経験がないから分からないのだけど、何か本能的なものなのだろうか？女性に多いのもそのせいかな。

美緒●女の人に多いですよね。男の人は怒りを外にぶつけるけど、女の人は怒りを外に出すことをしてこなかった。例えば女の人は友達に愚痴ったりするけど、瞬間的に感情のバロメーターが上がっちゃった時は、その対処の方法がないと思う。私の場合は、そうやって自分に矛先が向かってしまった感じです。家庭環境の話に戻るけど、父がいなくなって、母は私に「男の人に頼らずに仕事をしなさい」「自立して独りで生きていける女性になりなさい」って教えてきたんです。だから私は「強い自分でいなきゃ」っていうふうにずっと思ってきて。友達に頼ることもしないし、泣き言も言わない。母に自分の弱い所を見せて、心配させるのも嫌だったし。だから結局、誰かに頼ることを知らずに生きてきて、その代償が「切ること」だったんだと思います。

──怒りをぶつける所がない。だから腕を傷付ける代償に、その怒りを外に出してやる。簡単に言えば、感情を浄化させる為に切っていたんだろうか？

美緒●そうですね。イライラとか、怒りとか、「不」の感情を消す為です。

──「誰かへの当て付けに切る」「寂しくて切る」と言う人もいるけど。

美緒●「誰かへの当て付け」ってことはないですね。高校生の時は、自分にとって嫌なことを押し流してしまう為のツールだった。それだけですね。

──「嫌なことがあると、酒を飲んで忘れる」、そんな感じだろうか？

美緒●そうですね。そんなこととあまり変わらないんじゃないですかね。高校生の時は、本当にそんな単純な理由だったと思います。大学に入って再発した時は、随分とエスカレートしちゃってまた色々と複雑になってきたんですけど。

──どうしてみんな「切る」という方向に走ってしまうのかな？

美緒●こんなに切っている人が多いと不思議ですよね。

──「初めは自傷行為だと知らなかった」っていう人が多くて。メディアが発達したから、そのせいで自傷行為が一般化したのかと思っていたけれど、そうでもないようで。今まで奥深く隠れていた部分が、ただ水面下に近づいただけなのか、あるいはある種の時代性が「切る子」を育てているのか。「死なない為に切っている」なんて言う人もいるけれど、初めて切る時は、死ぬかどうかなんて分からないよね。「切ると落ちつく」「生きる為に」というのは、後から付けた理由であって、切ったことがない時は、そんなことも分からない。それなのに何故「切ろう」なんて発想をするのだろうか？「鉛筆で刺す」でも「引っかく」でも、カッターやカミソリより身近なものなんてたくさんあるのに。痛いことなんて「カッターで手首を切ること」だけではないと思うのだけど。

美緒●そうですね。何故ですかね？

——「自分を傷付けたい」という動機が何処からくるのか、その手段が何故「カッターで手首を切る」ことなのか。「リストカットと去勢」の関係を難しく言う人もいるけれど、ここまで多ければ、メディアや時代性の問題の方が大きいのではないのかな。

美緒●そうでしょうね。何かしらあるんだと思います。ただ本人が自覚していないだけで。初めて切った時は、「切ったら楽になれる」ってことも知らなかったし、衝動的に切ってしまったので。

——高校を卒業されてからしばらく切らない時期があったようだけど、それには何か理由があるのですか？

美緒●彼氏ができたってことが大きいかと思います。私に彼氏ができたことに、自分で凄く驚いたんです。「私が生きている意味があった」って。「自分がすがれる所を見つけた」っていう感じがして。本当は間違っているのかも知れないけれど、私はそう感じて。衝撃だったんです。それからは彼氏が途切れることがなくて、けっこう落ち着いていたんです。

——彼ができたことがきっかけになったんですね。何が1番変わりましたか？

美緒●「私が自主的に生きていられる」ってことかな。今までは「家族の緩衝帯」としてみんなにすがられて、それが私の役割で、それだけの為にしか存在していなかった。

——家族以外に「自分の存在を必要としてくれる人がいる」ということに気付いたことが大きかったんだ。そのことに気付かせてくれた彼はどんな人だったんですか？

美緒●最初の彼とは遠距離で始まったんです。でも彼氏が凄く夢中になってしまって。学校も辞めて親も知らないのに東京まで飛び出してきちゃって。2人でプチ浮浪者生活みたいな感じだったんです。でも私が凄く疲れてきて、お金も無くて、私の洋服を売ったりして生活をしていて。私はそのことを大学にいた同級生の男の子に相談したんです。そしたらその人に「付き合って」って言われて、私はそっちに乗り換えちゃって。

――最初の彼とは遠距離なのに何処で知り合ったんですか？

美緒●ネットです。

――ネット？

美緒●音楽系の。

――顔も知らずに付き合ったんですか？

美緒●顔は見たことあります。写真で。

――「ネット恋愛」っていうやつ？　それってどんなふうに成り立っていくの？

美緒●私の場合はチャットで話すようになって、電話で話すようになって、お手紙とかをやりとりするようになって、写真とかも送りあうようになって、徐々に近くなってきて、お互いが会うようになって、「あぁ、好きだな」って。

――そんな簡単に好きになるの？

美緒●段階を踏まえていれば。私もいきなりチャットをして「この人好き！」っていうのはちょっとおかしいと思うけど。

――それは誰かのホームページ上にあるチャットなんですか？

美緒●あるパンクバンドのチャットです。「Web ring」っていって、同じバンドを好きな人達が「リンク」で繋がっているんですね。輪みたいに。その「Web ring」のバナーをカチッて押すと次のファンサイトに飛んで、輪みたいにサイト同士が繋がっているんです。私はその「Web ring」のマスターだった人と付き合ってたんです。

――「Web ring のマスター」って何ですか？

美緒●その「Web ring」を作った人です。

――アーティストの名前じゃないんだ。

美緒●違います。

――彼は何処の人だったの？

美緒●熊本です。

――東京と熊本で遠距離か、遠いね。

美緒●「Hi-STANDARD」っていうバンドなんですけど。

――なんか話がよく分からないや。

美緒●ホームページの中に「チャット」っていうコンテンツがあって、チャットルームがあるんです。

――「チャットルーム」っていうんだ。

美緒●重要ですかね？　これ。

――親の世代は分からないだろうなぁ。僕もよく分からないし。

美緒●最初は音楽の趣味が合って、話も弾んで、普通にネット上のお友達として仲良くなるんです。

――ネット恋愛の告白はどんな感じなの？

美緒●それは電話で言われました。だから一般的なネット恋愛よりはまともかも知れない。

――大学に入って、また切りだしたのはどうして？

美緒●それは単純に彼氏が途切れたことが大きいと思います。そのネットの人から大学の同級生にスライドして、その彼氏とは２年半ぐらい続いていたんですけど、別れることになってしまって。それでまた私がすがるものがなくなってしまって。どうやって生きていったらいいのか分からなくなってしまって。

――高校生の時に切っていた動機とは違うのかな？

美緒●やっぱりマイナスの感情が凄く高ぶった時とか、「どうしよう、どうしよう」っていう気持ちになった時に切ってしまいました。「この先どうやって生きていったらいいんだろう」「誰に頼って生きていけばいいんだろう」って思った時に。

――それは独りになったことに対する不安なの？

美緒●そうですね。放り出された気持ちになってしまって。また真っ暗な所に立たされてしまったような気がして。「彼氏がいる状態」っていうのを知ってしまったから、独りでまともに歩けなくなったんだと思います。

――その気持ちが「切る」っていう行動に結びついたのは何故なの？

美緒●「どうしよう」とか「悲しい」とか、そういう気持ちが一瞬ワァーってなった時に落ち着かせる為に、という意味では高校の時と同じかも知れません。

――「気分を落ち着かせる為」というのが１番の理由ですか？

美緒●あんまり人に怒ったりするのも嫌いだし。父親の姿を見てきたから、誰かが怒ったり、大きい声を出したりするのに凄く敏感になってしまって。イライラしながらドアを閉めた音を聞くだけで、具合が悪くなってしまって。自分がそうすることも嫌だし、誰かがそうすることも嫌だったから。だから自傷する以外に方法がなかったというか。普通だったら誰もが怒る場面でも、私は怒れないから、自分の中に消化しきれないものが溜まっていって、それで切ってしまう。

――「我慢する」とか、「誰かに相談する」とか、他に選択肢はないの？

美緒●全くないですね。昔から人との距離を置くタイプなので。人は人だし、自分は自分だし、結局他人でしかないし。私は私の足で生きていかなければならないし、人に頼ってもどうしようもないし。そう思って生きてきたから、だから「友達に何かしてもらおう」っていうのは考えられなかった。

――仲の良い友達はいるの？

美緒●私けっこう外面がいいっていうか。「浅く広く」「知り合い以上、親友未満」っていう友達ならいっぱいいます。

──「人と繋がる」という意識があんまりないのかな。

美緒●やっぱり母親にずっと、「自立して自分で歩ける人になりなさい」って言われてきたから。そういうふうに期待されて育ったから。「自分のことは自分で解決しなきゃ」って思ってきたから。結局「A」か「B」かを決めるのは自分じゃないですか。だから他人に言ったって仕方がないと思う。

──誰かに話したくならないの？

美緒●ならないかな。でも最近は少し変わったんですよ。友達に傷跡を見られてしまった時に、「実はこうで……」っていう話をしたら、凄く心配してくれて。それで凄くハッとしたんです。「他人なのにこんなに心配するのか」って。凄く驚いて。私にとっては、そこまで「友達」っていうのが自分にとって近い存在ではなかったのに、彼女たちにとっては、「私」っていう人間の存在が重要だったようで。そのことに凄く考えを改めさせられました。

──それまでは人をあまり信じることがなかったのかな？

美緒●そうですね。例えば彼氏だったら、「絶対的に私のことが好きである」っていうことが前提にあって、それをもとに「付き合っている」っていう関係がある訳じゃないですか。だから無条件に頼れるんですね。でも友達との間にはそういうものがないじゃないですか。

──「友達」という関係があるんじゃないの？

美緒●「友達」っていう設定は凄く緩いじゃないですか。それが自分には理解できなかった。「彼氏なら自分のことが好き」「だから頼ってもいい」「だけど友達はまずいだろ」って思っていて。

──それは言葉の問題なのかな？「彼」になったからといって特別何も変わらないよ。「彼」や「彼女」なんていう言葉は、人にその間柄を伝える為に必要なものであって、自分たちにとってはそれほど必要ないんじゃないのかな？

美緒●そうですね。でも例えば、誰かが私のことを好きだって言ってくれる……、それで……。違うなぁ……。確証があるかないか……。

──「確証」って何？

美緒●「付き合っている」っていう関係があるかどうか。

──それは「安心」が欲しいだけじゃないのかな？重要なのは「その人が自分にとって大切かどうか」ということだと思うのだけど。

美緒●そこまで深く考えたことがないからわからないけど、私は今でも彼氏にしか頼れないから、全て彼氏に寄りかかってしまいます。

──彼は切っていることについて何て言っているの？

美緒●そういう世界を知らない人にとってはビックリすることだし、やっぱり最初は「切るな」って言いました。それで喧嘩になることも多々あったけれど、最近は私があんまり切らなくなってきたから。

──切っている時はどんな感じなのかな？

美緒●切ると凄く満足するし、爽快なんですよ。全然痛くないし。だから「何かあったから切りたい」っていう訳じゃなくて、いきなり「切りたい、切りたい」って思って、切ることが目的になっちゃったりして。

──切る理由がないのに切るの？

美緒●理由がないこともありましたね。理由はその「爽快」で、切りたいから切っているんです。

──快楽の為に切っているの？

美緒●そうですね。秋ぐらいに切っていた時はそうでした。その頃は2、3日に1回は切っていて、きっかけは色々あって、「嫌なことがあった」「悲しいことがあった」「ただ切りたくなった」、理由はそれぞれなんですが、自分の中に「切っちゃいけない」っていう歯止めが何処にもなくて、切りたい放題切っていて。頻度が増すと同時にどんどんエスカレートするんですよ、「もっと切らないと満足できない」「もっと深く切らないと……」「もっと血がでないと……」って。

――快楽というより趣味に近いのかな。

美緒●もう段々やっていると楽しくなってきちゃって。

――切ることが？

美緒●そうです。

――切りながら笑っているの？

美緒●分かんない、ニヤニヤしてんのかなぁ。相当ヤバいですよね、それ。でも楽しんでいる自分はいるのかも知れない。夢中になっちゃうんですよ。全てが排除されて、「腕」と「自分」だけに入り込めちゃって。

――最近もそんな感じ？

美緒●最近は不安発作みたいなものが起きて。例えば「この先の不安」とか「現状の不安」とか「焦り」とか。「どうしよう」って思うことが多くて、本当に心臓が締め付けられるように苦しくなって、吐気がして。頓服を飲むんですけど、効くまでに30分ぐらいかかって、それまでずっと耐えなくちゃいけなくて。でもそれに我慢できなくなると、刃物に手が出て切ってしまう。

――切ることって我慢できないものなの？

美緒●薬と違ってすぐに効くじゃないですか。何故わざわざ薬で切ることを我慢しなくちゃいけないのかが分からない。「私は切りたいって思っているのに、何故切っちゃ駄目なの？」って思っちゃう。

――何故切っちゃ駄目だと思う？

美緒●私は心臓に欠陥があるから、切ってバイ菌が入ったら死んじゃうから。それぐらいは冷静にしていれば分かるけど。

――切り出すと何も分からなくなるのかな？

美緒●切って楽しくなっておしまい。

――誰かに対するメッセージではないのかな？

美緒●今までそう思ったことは１度もないですね。むしろただの妨げになるというか。

――死に対する憧れがあるの？

美緒●全てをやめたくなる時は、「何処かから飛び降りたい」って思うことも多々ある。死にたいのかは分からないけど、そういう自分をイメージしたりはする。心臓にバイ菌が入って死んじゃうとか。

――色んな気持ちが複雑に絡み合っているんだね。

美緒●私の場合は色んなシチュエーションに対応できるというか、死ぬことを抑える為に切ることもあるし、死に近づく為に切ることもあるし。

――切って後悔することはないのかな？

美緒●縫わなきゃいけないぐらい切ることがあって、それはさすがに病院に行かなくちゃいけなくて、「面倒くさいなぁ」って思う。普通に傷跡ができちゃうし、それがしばらく残って面倒くさいし、切っちゃうとその後のことがおっくうなんですよ。「跡が残らなければもっといいのに」って思ったりもします。だからやっぱり行為そのものを楽しんでいる部分があるんだと思います。

――やめたいという気持ちはあるの？

美緒●自分の病気は治したいと思う。その為に私は感じなくていい嫌な気持ちになったり、気持ちが沈んで苦しくなったりする。そういう病気がなくなって欲しいとは思う。必要のない不安に襲われたくないし、やっぱり普通の精神状態だったら切ることを楽しんだりはしないと思うから。周りを見たらそんな人はいないし、自分で自分を傷付ける行為っておかしいんだろうなって思う。お酒を飲むようにストレス発散の行為として存在していても、ただのマイノリティーに過ぎないのかなって思う。やっぱりおかしいんでしょうね。

――冷静に見ている部分もあるんだね。

美緒●結局は自己責任だと思うから、そういうふうに冷静に見なきゃ。単にそういう行為に陶酔しているだけじゃ駄目なんだと思うんです。だから自分がする行為については冷静に考えるし。確かに矛盾しているのは自分でも分かっているんですが。

――最終的には「やめたい」という気持ちに行き着くのかな？

美緒●そうですね。

――どうしたらやめられると思う？

美緒●前はそんなことを凄く考えていたけど、今はもう色んなことをやり尽くして、後は時間の問題なのかなって思います。結局何かを決めるのは自分だから、自分で気付くまでは治らないと思う。最近は切る回数も減ってきたし、「意味がない」ということに気付いたのかな。「切ることに飽きてきた」って言い方もおかしいけど、何十年も切っている人なんていないじゃないですか。

――「切る」って何だろうね。

美緒●やっぱり現実からの逃避なんですよね。目を背ける行為。逃げているんですよ。具合が悪くなると全部をやめたくなるんですね、色んなことを無しにしてしまいたくなる。でも実際にそういったことを望むと、死ぬことしかないじゃないですか。でもそれができないから、目を背けたくなる現実から逃げる為に切っている。そうすると一時的に落ち着いて、また元のように生活することができるんです。

――目を背けたくなる現実か……。世の中がどんな風に見えているの？

美緒●悲しいですよね。悲しい世界だなって思うんです。

――社会が？　それとも生きていることが？

美緒●見ない振りをしなきゃいけないものがたくさんあるじゃないですか。そういうことが悲しい。自分を騙しながら、嘘をつきながら生きていかなきゃいけない。見たくないものがあること事体がよくないのだけど、でも生きていく上では、見ない振りをしないと上手く生きていくことができない。

――見たくないものって何？

美緒●例えば自分が存在しているということ。その真実味とか。

――存在していることが悲しいの？

美緒●存在しているかどうか分かり得ないこと。この世界が存在している確信はないじゃないですか。でも人間は頭が良くなりすぎたから、意味がないと、意味を求めてしまう。何らかのものを作り上げて、作られたものに意味を求めてしまう、そうしないと生きていけない。私も含めて「自分が存在していることを感じられる場所」「自分の主体性というものを感じられる場所」、それが分からなくなっている若い子がいっぱいいると思うんです。だから切っている理由の１つに「自分を確かめたくなる」っていうのがある。でもそういうのを求めても、それが分からない現実があって、それが悲しい。分からなくても、分からないことを知らない振りをしなきゃ生きていけない。それが悲しい。

僕がPoraropoと名乗る理由

2004年6月7日　月曜日
Poraropo　17歳　高校2年　1986年生まれ　東京都世田谷区

半年程前だろうか、『Cord』の写真展に「Poraropo」と名乗る高校生が来てくれた。「Poraropo」とはネット上で使う彼のハンドルネームのことだ。何故彼は会場に来てまで「Poraropo」と名乗ったのか、些細なことだが僕はそのことがずっと気になっていた。真相を知りたくて、僕は再び彼と会うことにしたのだが、話は本題に入る前に予期せぬ方向へ転がっていった。しかし、そこにあったものこそ、なによりもの核心だったと僕は徐々に気付いていくのだ。

――今日は平日だけど学校はないの？

Poraropo●上野の通信制の高校に行っていて、平日は休みで、授業は月に何度か日曜日にあるんです。平日は全日制の生徒が授業を受けているから校舎が使えなくて。授業以外は家でレポートを書いたりしています。

――学校がない時はいつも何をしているの？

Poraropo●家にいて音楽を聞いたり、好きなことをしてます。楽器を弾いたり。

――通信制の高校も3年間で卒業になるの？

Poraropo●通信制だと卒業に4年かかるんですよ。僕は大検をとって、通信制の単位と併用して、大学に進学したいなと思っていて。

――授業科目は全日制の高校と同じ内容なの？

Poraropo●授業の回数が少ないから、普通の学校の1ヶ月分ぐらいの授業を1回でやって、残りは家でやる勉強で補わなきゃいけないですね。

――卒業したら大学に行きたいんだ。

Poraropo ●行きたいですね。昔は心理学に興味があって、今は哲学も物理も勉強してみたいですね。

――勉強が好きなんだね。関係あることか分からないけど、通信制の高校に行こうと思ったのはどうして？

Poraropo ●家が嫌で。父親も殺したいぐらい嫌で、ほんと父親ってだけで憎しみが湧いてきて。昔父親から虐待を受けていたんです。殴られて、倒れたところを上から蹴ってきて、息ができなくて。ほんと耐えきれない時もあって、その記憶が消えなくて。「家から出たい」と思って家出専門のBBSに書き込んだことがあって、そしたらそのBBSの管理人の方に「家を出た方がいい」って言われて。

――いつから父親の虐待を受けていたの？

Poraropo ●もの心ついた時にはすでに虐待されていた記憶があります。

――いつ頃まで？

Poraropo ●堂々と怒鳴り返して、場合によっては殴り返せるぞっていう年齢になるまでですね。

――今も父親と一緒に住んでいるの？

Poraropo ●まだ一緒に住んでいます。でも、もうすぐ一人暮らしを始めるんです。大家をやっていた叔父さんがいて、今は空いている部屋があって、ご好意で今月から部屋を貸してもらうんです。今でも父親と一緒にいるのが苦痛で、イライラしてきて、強迫観念に捕らわれてしまって、父親に嫌なことをされているイメージが頭に浮かんできて、それをかき消すことができなくて。薬で抑えているから最近は治まっていたんですが、やっぱり父親と離れた方がいいかなと思って。

――薬を飲んでいるの？

Poraropo ●飲んでます。薬を飲まないとだんだん不安になって、強迫観念が出てきて、かなりイライラしてしまって。最近はフラッシュバックしてくることもないけれど、小学校高学年ぐらいまでは夢の中にまで出てきました。

――父親はどうしてそんなことをしたのかな？

Poraropo ●「病気」っていうのも変な言い方だけど、子供を虐げたくなるなにかがあったのかなって。

――お母さんは助けてくれなかったの？

Poraropo ●かなり父親が怒鳴って暴力的になっていたから、母親も止められない感じになっていて。母親のいない時にも虐待をされて、そういう時に「誰か助けてくれ！」って叫んでも、誰もいないから助けてくれない訳で。泣いて叫んでいても、「お前を助けるヤツは誰もいないんだ！」「お前は苦しむだけだ！」って言われて。小さい頃から潰されるようなことをされていて、父親が飽きるまでそういうことをされていました。

――辛い思いをしてきたんだね。兄弟はいるの？

Poraropo ●弟がいて、でも弟はそんなに被害がなくて、そんなに恐ろしい夢とかは見ていないと思います。ちゃんと聞いたことがないので分からないですけど。

――父親に対してはいいイメージを持たずに育ったのかな？

Poraropo ●悪いイメージがかなりですね。

――さっき「殺意がある」って言っていたけど、今でもそうなの？

Poraropo ●今でも急に殺したくなるような時があって、ほんとに父親を刺し殺しても、刑務所に入って10何年で出てこられるならそれもいいかなって、本気で悩んだんです。進もうか、後退しようか。刑務所に行くか、父親と暮らして苦しむか。あいつが死んでくれて、僕が1人で生きられるのなら、「10何年なんて大したことはないよ」って。「あんな奴を生かしておいていいのか」って。

――それだけ酷いことをされてきたってことなのかな？

Poraropo ●無期懲役とか死刑になったら嫌だけど、10何年で出られるならいいかなって。今は「殺しちゃダメだ」とか思いますけど、けっこう最近までは「殺してもいいかな」って思っていました。刑務所で10何年苦しんでも、30代で出られれば人生幸せかなって思っていました。

――苦しみが憎しみに変わってしまったのかな？他の人に対しては思わないよね？

Poraropo●他の人に対して憎しみを持つことはないですね。父親以外に「あいつ殺してやる」って思ったことはほんとに1回もなくて、憎しみの全てが父親に向いていました。家でも父親を避けていたし、嫌なことを無理矢理かき消す為に、ヘッドホンをして音楽を最大音量で聞いていました。

――その殺意をどうやってコントロールしていたの？

Poraropo●殺意を押さえられたのは、やっぱり殺人者になったら死ぬまでその罪悪感に襲われるなと思って。僕は「殺される恐怖」っていうのをずっと味わってきたから、「自分はいつ殺されるんだろう」「いつか死ぬんだろうな」って常に感じていた。だから例え他人が感じる恐怖でも、僕はその恐怖を知っているから、それを自分が人に与えるのは怖いことだなって。「殺される恐怖」を知っているから、逆に人を殺せない。

――僕は「殺される恐怖」を感じたことがないのだけど、自分の身を守る為に手が出ることはなかったの？

Poraropo●日本の法律には「殺されそうになったら相手を殺しても罪にならない」っていうのがあるじゃないですか。もし父親に刃物を突き付けられていたら、逆に父親を殺していたかも知れないけど、僕の場合は「もしかしたら殺されるかも知れない」っていう恐怖だったから。

――相当「死」に対する意識が強かったんだね。

Poraropo●けっこう死ぬのが怖いなっていうのがずっとあって、一時期すごく恐怖があったんですよね。「絶対的に消える」っていうのが怖くて、「死んだら全てが無になってしまう」っていうのが怖くて。「死」は小さい時からすごく意識していました。

――いつ頃からそんなことを考えていたの？

Poraropo●小学2年ぐらいですかね、それぐらいから「死」に対する恐怖がありました。「あと何日生きられるんだ」「明日の朝の太陽を見られるんだろうか」って。「人間って何歳まで生きられるの？」って親に聞いたりして、100歳ぐらいまで生きれると思っていたのに、「80歳とかで死ぬ人もいるよ」って言われてすごくショックで。「20年も早く死ぬんだ」って。当時7歳ぐらいだったから、「あと60年、70年ぐらいしか生きられないんだ」「いつかは死ぬんだ」って。すごく怖かったのを覚えています。

——父親とはまだ一緒に住んでいるんだよね。家の中での会話はどうなっているの？

Poraropo●楽しく話すことはなくて、話しかけられてもだんだんイライラしてきて、自分の部屋に入って鍵をしたり。最近はむこうもそれが分かってきて、あまり話しかけてもこないけど。

——今でも暴力を振るわれるの？

Poraropo●最近は殴ったりはしてこなくて、逆にこっちが殴り返せるっていうのもあるんですけど。

——父親に罪悪感というものはないのかなぁ？

Poraropo●僕の視点からは見えたことがないです。夢の中にまで虐待されている光景が出てきて、目が覚めても真っ暗な部屋で、夢で見た光景を思い出してすごく苦しんで。それを知らないから罪悪感がないのか。ただ面白がってやっていて、それで罪悪感がないのだったら許せないです。

——小さな頃から虐待されていて、精神的に辛くならなかった？

Poraropo●閉鎖病棟で7ヶ月ぐらい入院していたことがあります。子供専門の精神科がある、都立の有名な病院なんですけど。精神的に1度すごくヤバくなったことがあって、地べたに頭をずっとつけていて、顔をあげられなくなったんですよ。寝ている時以外はずっとそうやっていて。たぶん鬱だったと思うんですけど、悶々と苦しんでいて。

——そんなに苦しんでいたんだ。病院には親が連れていってくれたの？

Poraropo●地べたに頭をつけたままの状況が2週間ぐらい続いて。そこの病院に入院するまでは違う病院に行っていたんですけど、ちょうどゴールデンウィークの時期だったので、今までの主治医に連絡が取れなくて、それで親が今も通っているその病院に電話をして、そのまま車で連れていかれて。その日は入院じゃなかったんですけど、2日後から入院することになって。

――やっぱり虐待が原因だったの？

Poraropo ●直接的に父親が原因だったのかは分からないけど、色んなことが重なってそうなったんだと思います。

――頭を床からあげられなくなったのは急にそうなったの？

Poraropo ●そうなったというよりは、そうせざるを得ない感じになって。顔をあげると気分が悪くなって。そうしないとそこにいられないような感じがして。

――怖かった？

Poraropo ●恐怖はありました。なんか変な妄想で、「自分は誰かに殺されるんじゃないか」って。「誰かが殺しに来るんじゃないか」って。死刑囚になったような気分で、根も葉もない妄想で裁判にかけられて、死刑になって首をくくられるんじゃないかって。

――虐待を受けたのが原因なのかなぁ。

Poraropo ●それもあるかも知れないですね。

――父親に殺されるかも知れないって思っていたんでしょ？

Poraropo ●殺されるかも知れないって時はありました。直接繋がるかどうかは自分でもよく分からないですけど。

――そんな状況で学校はどうしていたの？

Poraropo ●私立の中学校だったんですけど、高校までは中高一貫で。でも僕は入院とかしていて出席日数が足りなくなって、その高校には行けなくなったんです。それで今通ってる通信制の高校を受験して。それ以外にも不登校っていうのもあったんですけど。

――不登校だったの？

Poraropo ●小学校の時から不登校があって。2年生の頃に何故か仲の良い友達に毎日のように殴られていて。

――どうして？

Poraropo ●今でもよく分からないんですけど。小学校4年生で転校してしまったから。

――虐めだったのかな？

Poraropo ●よく分からないけど、壁にガンガン押しつけられながら殴られていて。それが1ヶ月ぐらい続いて。学校に行かなくなったのは3年生か4年生の時だったと思います。虐めだと思うんですが、また精神的な嫌がらせをみんなからされて。

――どんなことをされたの？

Poraropo ●教室の隅にある掃除箱の中に入れられて扉を閉められたり。その掃除箱に付いている空気穴から酷いことを書かれた紙をボコボコ入れられたり。中は暗いから紙になんて書かれているのかは分からないのだけど、あとからそれがなにか分かって。裸足で顔を蹴られたこともありました。

――随分酷いことをされたんだね。

Poraropo ●むこうも悪いことをしている気がないらしくて、よく分からなかったんですけど。でも学校に行けない時期もあって。それで三鷹に引っ越したんですよ。4年生までは隣の吉祥寺に住んでいたんですけど。

――それからはどうだったの？

Poraropo ●5年生ぐらいまでは普通に友達もいたんですけど、6年生からまた似たような虐めにあって。けっこう酷いことをされて、それでまた学校に行けなくなって。

――何度も虐められたんだ。

Poraropo ●小6の時はかなり悪口を言われて、それで朝起きられなくなって、遅刻とかも重なって。

――そんなに虐められたら、人を信じられなくなるでしょう？父親にもずっと虐待されていたのに。

Poraropo●だから昔は正面に大人がいて自分に話しかけてきても、怖くなって後ろに下がってしまったり。全然話そうとしなかった。誰かと普通に話していても、笑いがなくなると憎しみを持たれているんじゃないかと思って、「ごめんなさい」「僕が悪いです」って言って下がっちゃったり。なにか自分では分からないけど、自分が悪いことをして相手の機嫌を悪くしたんだなって思って。

――今でも人と話すのは苦手？

Poraropo●多少は人間関係で他の人より苦手なところはありますね。普通の人みたいに、あまり前へ出ていったりはできないです。それでも中学生の頃に比べれば全然回復してますけど。前は酷かったですね。

――他にも引きずっていることはある？

Poraropo●人が苦手なのと強迫観念に捕われているところは残っていますね。極端なことを言うと、自分はどんどんおとしめられて、負けてなんにもできなくなる。「すごく極端な劣等感」っていうか、それが時々襲ってきて、楽しいはずの時も気分が暗くなって落ち込んだり。薬を飲めば押さえられるんですけど。

――薬は今でも欠かせないの？

Poraropo●今でも１日３回飲んでます。でも薬を飲んでもイライラと強迫観念は残ってしまって。

――けっこうな量を飲んでいるんだね。

Poraropo●入院中はかなり酷くて大量に飲んでいました。大きな病院だったから薬が袋分けされていて、その袋に詰まっている薬を大量に飲まされていた記憶があります。

――病院にはいつ頃から通院しているの？

Poraropo●病院に行きだしたのは中２よりちょっと前ですね。行きだして

1年も経たないで入院したんですけど。中1の終わりぐらいですかね、たぶん平成13年の3月だったと思うんですけど。

――その頃から相当辛かったの？

Poraropo ●イライラが強くて、怒鳴ったりしていて。ちょっとしたことでほんとに大声をだして。「ふざけるんじゃねぇよ！」って。「頼むから死んでくれ！」って。それを親が見て、父親も病院に行っていたから「そこに連れていこう」って話になって、それで三鷹の病院に連れていかれたんです。

――誰に向かって「死んでくれ」って叫んでいたの？

Poraropo ●「死んでくれ」だったか分からないんですけど、「誰」じゃなくて「もの」に対して暴言を吐いていました。

――ものに対して叫んでいたの？

Poraropo ●人に対して「死んでくれ！」って言ってたんじゃなくて、例えばすごく些細なことで、カーテンを閉めた時にガチャって引っかかって、上手く閉まらないことに対して「ふざけんな！」って怒鳴ったりしていて。異常に怒りやすかったですね。常にイライラしていて。

――その頃はまだ虐待を受けていた時？

Poraropo ●虐待が終わって「殴り返せるかな」って頃だったと思います。父親も警戒して、そういうふざけたことができなくなって。

――そういう気持ちは段々消えるもの？

Poraropo ●それを叫んだりして消そうと頑張っていたんです。

――今は大分落ち着いた？

Poraropo ●まあなんとか。ヤバい時は頓服を飲む感じで。

後日、彼からメールが送られてきた。そこには彼の本名が書かれていた。何か心境の変化があったのだろうか。これが彼の新しいスタートになってくれることを願っている。

親としてリストカットを見守って

2004年6月13日　日曜日
吉田豊　60歳　会社員　1944年生まれ　兵庫県神戸市

恋人がリストカットをしたら、あなたは助けることができますか。
私は、神に祈りただ見守るしかできません。

これは以前吉田さんから頂いたメールの一部だ。僕はその意味をきちんと読み取ることが出来ず、勝手に自傷行為とは無縁の人だと思っていた。ふと吉田さんから頂いたメールが気になりだした。会ってお話がしたい。そう思った。

後日、吉田さんから返事がきた。

Date: Tue, 1 Jun 2004 10:40:09 +0900 (JST)
To: cec48450@hkg.odn.ne.jp (OKADA Atushi)

岡田さん
メールをいただきありがとうございます。
他人事ではない作品として『Cord』拝読いたしました。
実は私の娘もかつて「自傷行為」をおこなっており、
親としてただ見守ってやることしか出来ませんでした。
母親はすごく変わってくれました。
おかげさまで現在娘は元気に仕事をしています。
ただ、心の底でどう叫んでいるのか分かりません。
よろしければ時間と場所を知らせていただければあけておきます。
「世の中が少しでも変わってくれたら」との
岡田さんの作品づくりにお役に立てば幸いです。

――吉田さんから頂いたメールの返信を読んで驚きました。娘さんが自傷行為をしていたとは知りませんでした。親としてどんな心境で見守ってこられたのか、その辺りのお話を伺えればと思っています。

吉田●僕もそういったことをお話して、僕たちが行ったことで何か参考になること、悪かったこと、良かったこと、その辺がお役に立てばなと思います。それをお話する前に、「事実」ですかね、それをちょっとお話出来ればと。

――そうですね。よろしくお願いします。

吉田●あのね。我々、まあ夫婦の子育ての考え方は、そんなに金持ちじゃない、どちらかと言うと私はサラリーマンです。家内とは20代後半で結婚したんですけれど、子供に財産を残すこと、お金で残すことはやめようと。でも色んなことで子供が成長するにしたがって、子供の体の為になることは極力やってやろうと。そういうことが夫婦の考え方では一致していたんです。それから我々の両親は非常に貧乏をしていましたから、学校を卒業した後は、お互いに自立をして、親には迷惑をかけないと、そういう生活の仕方をしてきました。だから自分の子供に対しても、成人するまでは親の責任だけれども、成人をしたら自分で自立をして生活してくれよと。そういうものの考え方を持って子育てをしてきたつもりなんです。

――お子さんは3人だと伺いました。メールに書かれていたのは、真ん中の娘さんということですね。小さな頃はどんなお子さんだったんですか？

吉田●小学校はね、私立の学校に入れました。けっこう楽しく卒業したと思います。中学校は近くの公立の中学校に行きまして、そこでも仲間と楽しく卒業しました。僕らの年頃といいますのは、父親はどちらかといえば仕事一途でね、子供にはあまり目をやらない。そんなのがほとんどの親なんですけど、僕は基本的には時間があれば子供と接することもしてきて、子供とのコミュニケーションはよく取ってきたつもりなんです。

――親子のコミュニケーションは大事ですよね。小さな頃に親がしてくれたことは、大きくなってからも意外と覚えているものですよ。

吉田●小学校高学年ぐらいからは、週に1度ぐらいは一緒に算数や国語の勉強をみたり、中学校2年生ぐらいまではしてきましたかね。だけど、中学になってくると自分の意識も高くなるし、嫌がる傾向がありましたのでやめました。不登校とかそういうこともなく楽しく学校に行っていました。

――学校生活は楽しく過ごされたんですね。勉強ばかりしていても楽しくないですからね。

吉田●ただ高校の高学年になった時ぐらいですかね、ちょうど3年生ぐらいの時に、「人生おもしろくない」と言いだして。

――「人生おもしろくない」、そう思っていた時期が僕にもありましたね。大学受験の頃ですかね。高校3年とか、浪人していた頃は最悪でした。それから娘さんはどうされたんですか？

吉田●まあ学校へは行っておりました。大学にも入って。同級生の男性ともお付き合いを始めて。だけど大学に行きだしてから半年ぐらいですかね、こう「電車の中とかで物凄く気持ちが悪くなる」と言うんです。通学路の間でね。それでちょっと吐気をもよおしたり、途中下車をしたり、トイレで吐いたり。そういうことを繰り返していて、そのうち「学校を辞める」と言い出して。

――それから娘さんは大学を辞められたんですか？

吉田●親はそんなにそのことについて反対はしなくて、まあ大学を辞めました。その後はアルバイトみたいな形で小遣い稼ぎをして、ボーイフレンドとも付き合って。僕もそのボーイフレンドとは、何回か一緒にご飯を食べたりして、そんな悪い青年ではないんです。しかしその青年とも上手くいかなくなり、部屋にこもったりするようになったんです。僕も職場で若い人をいっぱい扱っていてね、中には精神的に不安定になる人もいて。そういう時はすぐ医者に連れていってね、神経科に連れていってやったんです。だからうちの娘も医者に連れていったんです。神経科に。

――「神経科」や「精神科」に抵抗を持つ人もいますが、娘さんは嫌がりませんでしたか？

吉田●娘はそれには嫌や言わなかったんです。だから僕と一緒に病院へ行って、先生の元で話をして。そしたらまあその先生、「いわゆるこの子は病気ではない」と。「アダルトチルドレン」だと言うんです。だいたい精神年齢は16歳ぐらいから止まった状態になっていると。「一緒に解決していきましょう」ということで、そこの病院に通うんですけれども、ちょっと酷くなった時には入院をさせて。「娘に対して親はどうしたらいい」と医者に聞いたんです。そしたらいわゆる自殺することに関わること以外は全て「Yes」と言いなさい、「No」と言っては駄目ですと。それともう1つは、母親も医者と面談した方がいいと、母親にも医者へ向かわせました。いわゆる「原因になっている主な所は母親に対する問題が多い」と、医者から母親に直接言われました。

――母親さんと娘さんとはどのような関係だったんですか？

吉田●あのね、母親はそんなに「門限が何時や」とか、「勉強しなさい」とか、そんなに厳しいことは言わないけれども、「家がおもしろないから出ていく」と言えば「出ていってくれ」と。まあ親としてはそう言いますね。つまりそんなに子供に対して厳しいことをやっている訳ではない、愛情は常に持っている。だけど母親の視点で娘を見る、母親の判断基準で娘を見る。これはまあ大人の世界ほとんどの人がそうでしょうね。

――親としては当然そうするでしょうね。でも医者にはそれがいけなかったと。自傷行為をされていたのはその頃ですか？

吉田●そうですね。ボーイフレンドとも別れ、母親とも意見が合わず鬱の状態が続きました。それで医者に連れていった。それを何回か繰り返した時に、なんか2階でちょっと泣き声がするんですね。それで私が見に行ったら腕を切っていて、リストカットをして血が流れているんです。

――現場を見た時はどんな心境でしたか？

吉田●僕は正直言ってびっくりしましたね。発見してすぐとめました。ひょっとして自殺を図っているんかなと思ったんです。ナイフでこうして腕を切っているから。だからすぐに病院に電話をして、彼女も「行く」と言ったんで連れていきました。それで夜中に先生に診て貰って、そのまま2週間ほど入院させました。その時にちょっと暴れたりもしたんだけど。僕はその時リストカットというものを知りました。

――それまでは御存じではなかったんですね。

吉田●それまでは知りませんでした。娘の状況を見て初めて知りました。だから最初は「自殺しようとしたんや」と思いました。だけど医者へ行って、それが彼女にとっては心の癒しの方法なんだと知りました。ただそれが深くいってしまうと自殺に結びついてしまうから、そういう危険性が出た時だけ「No」と言いなさいと医者に言われました。

――危険性がある時だけ「No」と言っても、娘さんが死んでしまうんじゃないかという不安はありませんでしたか？

吉田●正直言うてね、少しはありました。だからそういう状況にならないように親としては心がけて。それと後は神に祈るしかない。初めて仏に手を合わせました。

──吉田さんがメールに書かれていた「神に祈るしかない」というのはそういう意味だったんですね。それは身近な人がそうなって、初めて分かることかも知れません。自傷行為の現場を目の前にすると、案外何も出来ないですから。

吉田●親として出来たことは、医者へ連れていくこと。子供の立場になってあげること。彼女に出来るだけ住み良い空間を与えてあげること。それだけで後は何も出来ませんでした。ただこのことは、今になっても大切なことであったと思います。

──今は自傷行為をしていないと伺いました。病院へ行くことが良かったのでしょうか？

吉田●そうですね、それを処置して判断して助ける手段を考えてくれるのは医者かなと。「リストカット」や「アダルトチルドレン」とか、そういう精神状態を客観的に判断して、対応する方法が分かっている人に頼るしかない。ただかかっている医者が良い医者かどうか判断する必要があります。それから患者がその医者を信頼しているかどうかも大切なことです。親が勝手に解釈をしていったら間違いが起きてくる。医者から指示を受けて、その指示に従って動いてきたということが１つの解決に至ったかなと。僕らある意味では悪いことしている訳やないですからね。普通のことをしていてこうなった。親にしたらなんでやろと。しかし事実こういうことが起きたんは親にも責任があるんです。

──娘さんに自傷行為をした理由を聞いたことはありますか？

吉田●具体的に聞いたことはありません。ただ現場を見付けてすぐに病院に運んでやったりはしましたけど。

──切っている理由などは？

吉田●深く話をしていません。その辺はね、娘と医者とがずっとカウンセリングをやっているんです。その中でね、２人で解決していってくれるように感じるんです。

──親子で話をすることも大切だと思うのですが。「何に悩んでいるのか」、「何を考えているのか」、そのようなことは医者ではなく、親が聞いてもいいことだと思うのですが。今回色々な方に話を聞いていたのですが、親子のコミュニケーションが上手く取れていない家族が実際に多かったです。吉田さんはその辺をどのようにお考えですか？

吉田●親子なり色んな所でコミュニケーションを取っていく上でね、僕が思ったんはやっぱり、50代の人は50代の視点で20代の人と話をする。20代の人は20代までのことしか分からへんから20代の視点で話をする。そしたらこれコミュニケーションが絶対に合わなくて、そこに食い違いなり、ストレスが起きてくるんですね。これは年上の人の役目で、あくまでもそのジェネレーションに気持ちを置き換える、それを大人の役割としてやってあげないといかんと違うか。それが今の大人には出来ていない。

──確かにそうかも知れません。それに今の10代の子は携帯世代ですから。メールであったり、ネットであったり、生身のコミュニケーションがどんどん減っているのかも知れません。

吉田●うちの家内も2階にいる娘を下に呼ぶのに、「おーい」と言って声かけんとメールで呼びますわ。これは怖いなと。それは古いんかな。でも怖い思うんです。だけど母親や娘はそれを怖いと思ってない。時々「声をかけ」と僕も言うんですけどね。「怒鳴りたくない」と母親は言っています。僕は怒鳴る方がいいと思うんですけどね。メールというのは怖いね。

──家の中でのメールは悲しいものがありますね。

吉田●「ご飯できたでー」言ったらいいのに、「ご飯やで」ってメールするんです。

──ところで「アダルトチルドレン」というものを、少し教えて頂いても宜しいでしょうか？

吉田●私も詳しくは知りませんが、ものの考え方とかが16歳とかで止まってしまう訳です。年は25とか30とかになっても、考え方が高等学校の2年生の所におるんです。

──大人に近付いていかないということですか？

吉田●そうですね、ただそれはカウンセリングを重ね、自分で自覚することによって段々とステップアップしてくれました。僕たち以上に成長してくれたところもありますが、若者の特性として気になるところもあります。

――それはどんなところですか？

吉田●時々切れやすいということです。

――「切れる」ということがよくあったんですか？

吉田●切れますね。今の若い人は、ちょっと何かあると切れますね。そういう特性は、今でも少しは持っていますね。まあそれは今の子みんな持っているから、「アダルトチルドレン」の特徴はそれだけやと言い切れるかどうかは分かりませんけどね。

――「切れる」というのは誰にでもありますからね。何をもって「アダルトチルドレン」というのかは難しいですね。「我慢出来ない若者」、「アダルトチルドレン」、同じようにも感じますが、何か違うのでしょうか？

吉田●だから今の娘も若者も豊かな時代で育ってきているから、「我慢する」ということが、どういうことか分からないんですね。「辛抱する」ということが。だからちょっと気にくわないこととか、自分の人生観と違うことがあったら、腕を切るとか、暴力を振るうとかに走ってしまう。つまりじっと押さえて耐えることが出来ない。僕も娘のことがあって考えたんですけどね、どうして今の若者はこういうことが多くなってきたんかなと。どうして切るんかな、どうして切れやすいんかな、どうして我慢が出来ないんかなと。まあ私も職場でそういう若者を扱っていたんですけれども、症状は違うけれども鬱病になった人もいますし、また自殺された方もおりますし。ちょっとそこの所を自分なりにはずっと考えてはいたんです。まあ僕らの世代が10代から30代へと育った時代は戦後ですからね、非常に貧しいんです。日本全体が高度成長の中で、だから「食べる」ということがなかなか出来なかった。「食べる」、「お腹をいっぱいにする」、その為には「お金を溜める」「我慢する」「辛抱する」、そういうことが自然と身に付いてきているんですね。「生きる」ということは、「食べれる」ということだと。その為には「我慢をする」「辛くても辛抱をする」「お金を貯める」と。体の中にそういう免疫なり、「耐える」ということが自然と身に付いてきておるんです。それがやがて価値観となってくる。だけど今の我々の娘とか岡田さんの世代はそういう苦労をしたことがないでしょう。

――そうですね、「食べる」ということに対しての苦労や辛抱はしたことがないですね。多少はあったとしても「飢え」という言葉は当てはまらないです。生まれた時には既に親の世代がその基盤を作ってくれていた気がしますね。家でも学校でも「残すんじゃない」「しっかり食べなさい」と言われて育った世代だと思います。「明日はご飯が食べられるのだろうか?」というような心配をしたことはないです。

吉田●やっぱりね、物質的に満たされていないことは辛いことなんですね。でも今はそれが満たされてしまっているんです。例えば悲しみとか苦しみが出てきた時に、僕らは物質的に満たされていなかったから、「耐える」「我慢する」ということがおのずと身に付いたんやと思うんです。でも今の若い人達には「耐える」「我慢する」ということがないんですよね。「苦しいこと」、「辛いこと」があったら耐えたり我慢せないかんのです。でも残念ながら、それが出来ない状況の中に今の若者の精神構造は入ってしまっているように思うんです。

――そうですね、生きる為に必要な条件は満たされていると思います。だから我慢が出来ないのかもしれません。「頑張りなさい」とか「努力しなさい」という言葉は言われてきましたが、「辛抱する」という言葉には縁がない気がします。僕らが言われてきた言葉の背景には「耐え忍ぶ」ような状況はなかったですから。

吉田●例えば昔はキャッチボールのボールが1つ欲しい、運動靴が1つ欲しいと言っても家にお金がないでしょう。だから母親も父親もそれを稼ぐ為に必死になってお金を貯めてくれるんですね。だから1年先に運動靴を買って貰ったら、「ああ、これは大切にせなあかんな」「これから1年間は我慢せないかんな」と、そういうのが体に染み付いてきているんです。今は逆にお肉を食べなかったら、「お肉食べなさい」「野菜食べなさい」、逆のことを一生懸命やってるんですよ。

――本当にそうですね。僕もそう言われながら育った気がします。そうなると僕らの世代が抱えている問題は、豊かな国の我がままということでしょうか。貧しい国では許されないことかも知れませんね。

吉田●そうでしょうね、ただうちの真ん中の娘も20代後半になってきてね、今度はまたジェネレーションが代わってきとるんですね。30代、うちの娘ぐらいの人が親になってきて、そこにまた新しい子供が出来てくる。僕らは子育てが曲りなりにも出来てきたんです。でも今の若い親は、「我慢をする」

「辛い思いをする」ということを体験せずに親になってしまうんです。

——世代が代わってきたのは感じますね。耐え忍んできた世代ではないですね。

吉田●だから今度はその世代間の問題になってくるんですよ。「我慢」や「苦しさ」を知らない世代が親になる。じゃあ「我慢」を知らない状況の中でどうしてあげたらいいかというと、「我慢をする」ということの大切さを、今度は「教育」の中で伝えていく。生きることの大切さということを、「学習の場」でやってあげる。それが１つの手かなと。

——では娘さんには「我慢をすることの大切さ」を、これからどうやって伝えていくのですか？もう教育を受けることも出来ませんし、医者が言うように全てに対して「Yes」と言っていては無理ですよね。

吉田●娘には伝えていません。ただね、我々の生活スタイルを見て娘もちょっとは分かってきているのかなと思うんです。家の生活もこんな所を我慢しているのかなと。少しずつですが自分のものとしているようです。しかし本質的なことにはもう一歩の所があります。だからこれからの教育では、「我慢」とか「辛抱」とかを教え込まないといけない。僕は娘に対しては、「我慢」ということを言っていいのかどうか、今度１回医者へ行ってその辺を相談してこようと思っているんです。

——「教育」と「医者」ですか、僕は学校の教育にそれほど期待はしていないのですが。

吉田●岡田さんなんか若い人は、例えば「生きる」ということをね、ちょっと難しいかも分かりませんけど、岡田さんの「生きがい」とか「生きる」というものはどんなものですか？

——そうですね、今は作品を創ることですね。簡単な答えですけど。

吉田●あの、僕はそれでいいと思います。非常にいいことだと思います。「生きる」というのはね、そんなに難しく考えるんじゃなくて、手短な所にあるんですね。岡田さんなら作品を創ること、そういう目標とかチャレンジをすることであって、それに対して一生懸命やっていく。これがそもそも「生きがい」そのものでいいんだと思うんです。だから若い人にもね、そういう「生きがい」なんて難しいこと考えんと、自分が今やりたいこと、それを何か見付けて一生懸命やること、それが僕は「生きがい」やないかなと思うんです。

――そうですね、自分の好きなことを見付けたら、多少の苦しみや辛さは我慢出来ると思います。好きなものの為になら、嫌なことも我慢することが出来ますからね。

吉田●「生きがい」を見付けたり、それから「我慢をする」ということとか、「生きるということは大切ですよ」「殺すということはいけないことですよ」というのはね、これはやっぱり「教育」の世界なんですね。何か事件があったら学校のみんなを集めて校長先生が話をしました。そうと違ってね、今は特に「生きる」とか「命」とかそういうことが薄れている時代だから、そういうものを習慣付けてきちっと教えてゆく、あるいは討論してゆく。そういうものが少なくとも青春期ぐらいまで続くこと、それが１つの助ける手段じゃないかなと思うんです。

――確かにそうかも知れません。ただそれは、授業というような形式的なものなのでしょうか。僕はそれは親の役目だと思っています。少なくとも、机の上の勉強ではないように思います。「我慢すること」「生きること」、何かあると学校の指導不足が指摘されますが、教師も普通の人間ですから。責任転嫁ですよ。ただそれが現実的には出来ていないから、そこまで学校に求められているのだと思います。しかし娘さんも今は切ることもなく、お仕事もされて、良い方向へ向かっているようですね。

吉田●そうですね。医者に行った。我々が目線を変えていった。癒しの場所を作っていった。その中で段々と自分でちょっとずつ自覚をしていった。ちょっとずつ「生きてゆく」ということに対しての意識が芽生えた。まずは心の落ち着く場所が家に出来たということが、スタートになったと思いますけどね。本人もそういう所から脱皮したいという気持ちも当然あったと思います。あとは医師の指導ですね。

――これから娘さんにどんなことを望まれていますか？

吉田●欲を言わなければ今のままでいいし、欲を言えばこれからどういう人生を歩んでくれるのかどうか。まあどんな形になろうと、うちの娘自身が「自分は幸せだなあ」と思う生活をしていってくれるのが１番いいと思います。幸せに楽しく気持ち良くやってくれたら。もうこれに越したことはないから。それはどの子に対してもそうですね。

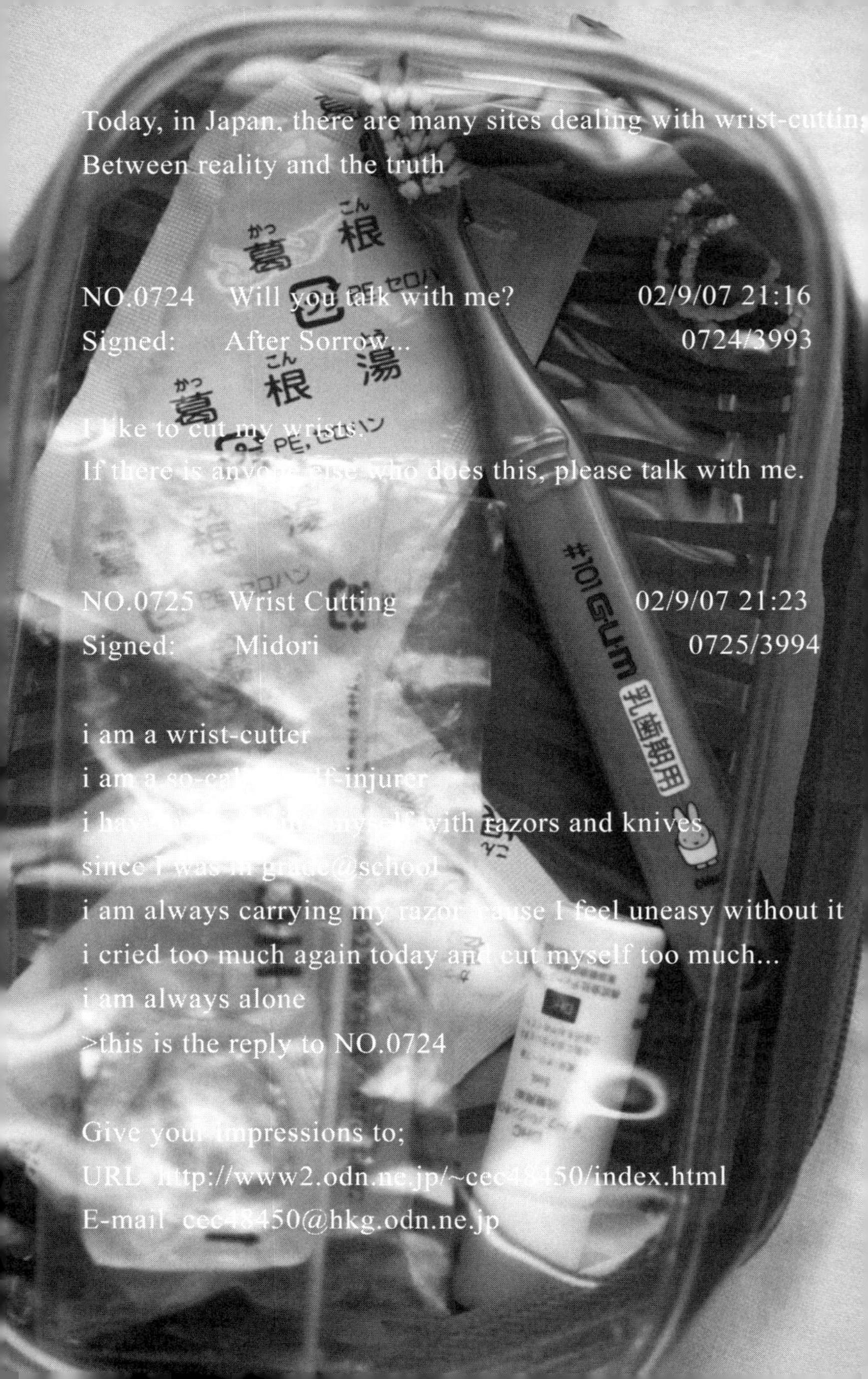

Today, in Japan, there are many sites dealing with wrist-cuttin

Between reality and the truth

NO.0724 Will you talk with me? 02/9/07 21:16

Signed: After Sorrow.. 0724/3993

I like to cut my wrists.

If there is anyone else who does this, please talk with me.

NO.0725 Wrist Cutting 02/9/07 21:23

Signed: Midori 0725/3994

i am a wrist-cutter

i am a so-called self-injurer

i have been cutting myself with razors and knives

since I was in grade@school

i am always carrying my razor 'cause I feel uneasy without it

i cried too much again today and cut myself too much...

i am always alone

>this is the reply to NO.0724

Give your impressions to;

URL http://www2.odn.ne.jp/~cec48450/index.html

E-mail cec48450@hkg.odn.ne.jp

このメールは届くのでしょうか　Cord感想メールから

Date : Sat, 26 Jul 2003 23:27:13 +0900
To: cec48450@hkg.odn.ne.jp (OKADA Atushi)

友達は
ちゃんと帰れたかな。
自分の無力さがイヤになる

少なからず何かできるんじゃないかと思う俺がおこがましいが

リスカが当たり前のこのご時世
誰も何もできないんじゃなくて
誰も何もしないし
したくないし
する気もおこらないだけだな
ひと声かけりゃよかった

岡田さんの持つ言葉は
何でしょう？

ジェフ市原も負けるし
好きすぎて一歩も歩けないくらいだった彼女に
フラれたときの感覚を
久々に思い出しました

Date : Tue, 12 Aug 2003 16:03:04 +0900
To: cec48450@hkg.odn.ne.jp (OKADA Atushi)

はじめまして。私は今年大阪芸大の写真学科に入学した者です。
今日なんばシティで写真集を見つけました。ずっと発売を楽しみにしていたので書店で手にしたときの喜びはひとしおでした。
入学直前の卒業作品展で岡田さんの作品を見たときから、写真集が出るのを楽しみにしていました。１６号館１階に展示されていた作品の前で、何故か私は胸がいっぱいで動けなくなりました。喉がつまって苦しくなり、何故か少しだけ泣きました。
大学生活ではリンクすることはありませんでしたが、いつか後輩のよしみで、お話する機会などが持てれば幸いです。それでは、これからも良いものを作ってください。

Date : Sun, 24 Aug 2003 03:17:15 +0900 (JST)
To: cec48450@hkg.odn.ne.jp (OKADA Atushi)

このメールは届くのでしょうか？今日あなたの写真集を買いました。時間潰しの本屋で見つけました。そしたら私も今ここに生きているということをあなたにお知らせしたくなりました。どうか届きますように。

Date : Mon, 25 Aug 2003 03:40:15 +0900 (JST)
To: cec48450@hkg.odn.ne.jp (OKADA Atushi)

Sleepの展覧会に行ってきました。夢を書くノートがあって、皆色々な夢を見ていました。子供の頃は夢を操れたのに近ごろは見なくなってしまって残念です。

Date : Fri, 29 Aug 2003 00:51:10 +0900 (JST)
To: cec48450@hkg.odn.ne.jp (OKADA Atushi)

今日も徹夜でしょうか？
私はたまに誰かに手紙を書きたくなるんです。けれど渡すべき相手が見つからないので、結局その手紙は捨てられてしまいます。
あつしさんにメールを送ったのは、この人なら読んでもらえるだろうと想ったからです。

私のその勝手な考えが迷惑になっていないか心配です。

Date : Sat, 30 Aug 2003 04:04:57 +0900 (JST)
To: cec48450@hkg.odn.ne.jp (OKADA Atushi)

何か大きなこと、それで道が変わってしまうようなことを自身で選択したことはありますか？
私はありません。学校などは自分で決めてきましたがどこか流されている様な気がします。
昔、何かを選ぶことは何かを捨てることだと言われました。捨てるほどの覚悟で選んだものはやはり美しいのでしょうか？

Date : Thu,11 Sep 2003 19:21:35 +0900
To: cec48450@hkg.odn.ne.jp (OKADA Atushi)

Platibeを見せてもらったものです。突然知らない人からメールがきて迷惑かもしれませんがよかったら読んで下さい。あたしは美大を目指して東京の予備校に行ってる浪人生(18)です。最近自分が見えなくなって今日は予備校に行かないで何かを探しに本屋に行きました。そこでこの写真集を見つけました。ふらっと見てすごく気に入って買ってしまいました。写真しか見てなくて家に帰ってからゆっくり詩を読みました。目に入ってくる絵と言葉から心がひどく動いて何か救われた気がしました。人は人と響き合って生きてるんだなって…知らない人なのに、こんなにあたしは心が動いてるって。これで明日からまた絵が描けます。感謝とお礼が言いたくてメールさせてもらいました。同じ道産子が頑張ってると嬉しくなります。本当にありがとうございました。次の作品を楽しみにしています。

Date : Tue, 30 Sep 2003 04:41:11 +0900 (JST)
To: cec48450@hkg.odn.ne.jp (OKADA Atushi)

お久しぶりです。出版準備はどうですか？なんか迷惑だと思ってメールしてなかったのですが今日はとても寝られないので。
ピンクの煙草を知ってますか？私は煙草は吸わないのですけど、これだけは特別に吸います。だけど普段吸わないのに外国製できついからくらくらしてしまうのですけど。今日はピンクの煙草の出番です。

Date : Tue, 14 Oct 2003 01:31:51 +0900 (JST)
To: cec48450@hkg.odn.ne.jp (OKADA Atushi)

今日のお昼はものすごい雨でした。でもその後の晴れた空は東京の渋谷と思えないほどきれいでした。初めての空です。

Date: Sat, 20 Dec 2003 19:11:14 +0900 (JST)
To: cec48450@hkg.odn.ne.jp (OKADA Atushi)

私も実は、リストカットをしています。なんかこの本で少しでも自分探しが出来たらいいなって思っています。

Date: Sat, 20 Dec 2003 19:44:40 +0900 (JST)
To: cec48450@hkg.odn.ne.jp (OKADA Atushi)

言葉を読んでても自分と同じ気持や、考えがたくさんあった。リスカが理解出来ない人にはわかんない部分って多いかもしれない。だけどすごい私はこの写真集を見たら元気になった！
もっとこの本をたくさんの人にみてもらいたいです！

Date: Tue, 23 Dec 2003 22:55:35 +0900
To: cec48450@hkg.odn.ne.jp (OKADA Atushi)

こんばんは。私は以前あなたにメールを送ったものです。あの時は返事をありがとうございました。新しい写真集を見ました。表紙を見た瞬間あなたの写真集だと思いました。正直に言ったら雰囲気で見るのを拒否してしまいそうになりました。もの凄く現実的な写真集だと思いました。あまり人には言いませんが、私もリストカットをしています。ただ人に心配されたいそんな思いから始まり今では苦しいことがあると、知らない間にしています。前回の作品で、私はあなたに自分の進みたい道にきづかせてもらいました。本当に感謝しています。あれから私は絵を描きながら本格的に写真をとり始めました。この前何となく二冊の写真集みたいなものを作りました。その時に人に自分の思いを伝えるのは本当に難しいと思いました。でもあなたの写真を見たら何故か心から大丈夫だと思えてきます。ありがとうございます。あなたの写真からいつも沢山のものを貰っています。あなたの写真は恐怖を感じるけれど、どこか優しさも感じます。私はその優しさに助けられています。本当にありがとうございます。これからも頑張って下さい。応援しています。

Date : Sat, 27 Dec 2003 19:05:07 +0900
To: cec48450@hkg.odn.ne.jp (OKADA Atushi)

恋人がリスカットをしたら、あなたは助けることができますか。
私は、神に祈り（宗教はありませんが）ただ見守るしかできません。
Cordを拝読し、岡田さんなら助けることができるかもわからないと思えてきました。

Date: Mon, 12 Jan 2004 20:10:50 +0900
To: cec48450@hkg.odn.ne.jp (OKADA Atushi)

高１の娘と見ました。
私が中学か小学校高学年の頃だったか……
手首を切った事があったことを、思い出しました。
何がイヤだったのか……今でははっきりとは思い出せないけれど
死にたいと思ってみても、そんな勇気は無く、それを確かめる為だったような気がする。
自分には死ぬ勇気がある！と。

高１の娘には、自分には関係のないようなことのように思ったみたいでお母さんがなぜ、この本を見たかったの？
私がリストカットすると思ってるの？と聞かれました。

まだまだ、話したいことはたくさんありますが
私の中で、まだ整理できていないので……
基本的に、どんな事も体験していない人には救えないのではと思っています。どんなにすごい言葉でも、解ってあげたいと思ってあげる事しかできない。リストカットから立ち直った人の、話を聞いてみたいです。

長々と書いてしまいました……
これから、何度も何度も読み返してみます。
では……

Date: Sat, 31 Jan 2004 19:55:28 +0900
To: cec48450@hkg.odn.ne.jp (OKADA Atushi)

Cord、買いました。自分を含めて、周りにはリスカする人間はいないし、生きることに不安や疑問を感じたりはしません。親からもらった身体に自ら傷つけるなんて、もってのほかです。ただ、「自分なんか消えてしまえばいい」とか、「記憶喪失になってしまいたい」と思う自分がいることも確かです。この死の匂いの色濃い写真に惹かれたのは、そのせいかもしれません。生きることに苦しみや、絶望を感じない人間はいないのです。大事なのは、いかにそこから希望を見出し、這い上がれるか、なのです。

Date: Mon, 16 Feb 2004 22:45:57 +0900
To: cec48450@hkg.odn.ne.jp (OKADA Atushi)

写真集 Cord 見ました。

私は、今高校３年です。
映像学科に進みます。
予備校にかよって、すごくいろいろな事を知りました。

はきました。
穴たくさんあけました。
でもいま、作品をつくるとき、いつも
人を大好きだって、おもいます

かなしいとおもえること、
やさしくなれることは同じだと思います

本当はなにもかも、無意味で
だけど素晴らしい。∞

できる限り、知ろうと思います、どんなことも
つきつめて、透明になって、いい作品、つくります。

真っ直ぐ、響きました
また余分なものが、そぎ落とされました

ありがとう
体に気をつけてください

Date: Tue, 30 Mar 2004 01:26:22 +0900
To: cec48450@hkg.odn.ne.jp (OKADA Atushi)

世の中渡って行くには自分の大切にしたいものも、
どっかに捨てに行かなければいけないものだと。
それを、強く大切に守るとバランスはあってないようなもの。
そんなことを毎日、電車の中　ベットの上　公園での一服
他人と言いたい知人と話す間　考えている。
自分の大切なものを出来るなら持ちつづけていたい。
だから、メールしてみました。

Date: Mon, 12 Apr 2004 23:26:29 +0900 (JST)
To: cec48450@hkg.odn.ne.jp (OKADA Atushi)

こんばんわ。HP拝見致しました。
初めに伝えておきます。文章がへたくそです。
「助けてほしい」と願う人が「助けてもらった」と納得したら
「助けた」事になると想います。
「助けてほしい」と願う人を「助けてあげたい」と想って、
「助ける事が出来た」と自ら納得するのは自己満足だと想います。
あたしは助けて欲しいと想った時、「助けてあげたい」と
想ってくれた人がいたのですが、その人は助けてくれませんでした。
その人は「助けた」つもりになっているそうです。
けど、あたしだけ何も変わらなかったので、
他人に願う自分に反省をしたのですが、諦めてしまいました。
救われたいとか、助けてほしいとか、他人に求めるものでは
無いのかなと最近想ったりして、
頭の中がぐちゃぐちゃになってしまったので考えるのを止めたら、
少しだけ、楽になったような気がします。
本当に助かりたいと想う人は、助かります。
ただ甘えているだけの人は気付かない限り助かりません。
あたしは他人に頼らないで歩いて行く力が欲しくなりました。
腕を切ろうと命絶とうと、
周りになるべく迷惑をかけないで生きて行きたいです。
たくさんのメールが来ている中、
こんなメールを読んで頂いてありがとうございました。
おやすみなさい。

Date: Web, 14 Apr 2004 10:52:11 +0900
To: cec48450@hkg.odn.ne.jp (OKADA Atushi)

聞きたいことひとつ。
「信じる」って何？

Date: Sat, 17 Apr 2004 00:04:11 +0900
To: cec48450@hkg.odn.ne.jp (OKADA Atushi)

独りがいいなんて
強がり言ってたら
誰もいなくなっていた

Date: Tue, 27 Apr 2004 20:38:59 +0900
To: cec48450@hkg.odn.ne.jp (OKADA Atushi)

岡田氏に同感共感。
胸がちくちくドキドキしました。

タチムカウ君
ムカイアウ君が
かっこいい。

……って言おうとしたけどやめる。
その言葉は何だか相応しくないから。

当然のメッセージを当然に発信しているだけなのに、
周りの反感を買ったり称賛を受けるのは、
周りがへなちょこだからだ。

Date: Tue, 27 Apr 2004 22:10:54 +0900
To: cec48450@hkg.odn.ne.jp (OKADA Atushi)

はじめまして。トップページにリスカについての意見があって、いろんな方の意見があり驚きました。岡田さんの写真集はまだ拝見していないのですが、リスカについておもうことがあるので、ひとつの意見としてわたしの考えをきいてもらえたら、とおもいメールしました。わたしはリスカをやったことが何度かあります。ひとつ、最近のことで、考えたことがあります。つきあっていた彼にリスカをしたら別れる。絶対するな。といわれ、しないと約束していましたが、二人の間にけんか・問題がたえなくて、しました。そして別れました。
でもリスカしなければ、別れなかったら、とはどうしてもおもえないのです。
わたしたちの間は、リスカはきっかけにすぎなくて、どのみち別れていたんだとおもいます。彼にとってどんなにリスカが理解できなく嫌悪感があったとしても、リスカが原因ではないとおもいます。
わたしの周りにはリスカをする人が４人いますが、同じ行為でもひとによって全く違うということに驚きました。わたしの場合は死にたくないからリスカをします。切ってるときは痛みを感じません。
リスカの後は何だかすっきりします。執着というか、依存していたものから、簡単に離れられます。簡単にいうと、リセット。なのかもしれません。
甘えという意見がありましたが､そうなのかもしれません。ずっと、子供の時から、ありのままの自分を認めてもらえたことがありませんでした。子供の時って無条件に存在することが許されますよね。それがなかった。だから大人（２１歳です）になっても、どこか自分という存在に不安があります。それがリスカという行為などに甘えとしてでているんではないかとおもいます。
まだまだおもうことはありますが、今日はこのあたりで失礼します。救うってことわたしにとってはありのままを認めてもらうことです。そうやって初めて自分自身の問題を乗り越えられる。そうおもうんです。
長い文をよんでくださってありがとうございました。

Date: Tue, 27 Apr 2004 23:51:39 +0900
To: cec48450@hkg.odn.ne.jp (OKADA Atushi)

助ける。なんて事を考えてしまうと、きっと言葉に縛られてしまうんじゃないかなぁ。人は、心で行動すべきだと。なにかを考えて行動してしまったなら、そこには自分の核の部分が叫んでいることに真っ黒な布をかぶせてしまうんじゃないかなぁ。優しさ。助ける。

しんじる。Etc……。言葉は、人を考えさせすぎる。とかアタシは思う。
もっともっと心が叫べばいいのに。

Date: Thu, 1 Jul 2004 10:59:48 +0900
To: cec48450@hkg.odn.ne.jp (OKADA Atushi)

はじめまして。

以前ギャラリーか本屋かで、Cordを見て
かなりの衝撃を受けました。

何というか、心に響くものがあり、そして、痛々しくもあり、
実はそんなのをヒシヒシと感じ、写真集を全部見ることができませんでした。
何だか辛くて、怖くて…。
で、今でもその時のことを考えると、
サイトを発見した時でさえ鳥肌がたって、
色んなものから目を背けたい気分になります。
そして、未だに写真集を完読することもできず、
触れることすら怖い気持ちになっています。

実は僕も写真をやっている身で、
ここまで衝撃を与えられたのはかなりのショックです。
それは写真をやっている立場から写真というある限られた表現手段で、ここまでの、ある種トラウマ的な衝撃を与えられるものなのだという事実と、写真をやる、やらないに関わらず、そのもののもつ力からくるショックです。

あの写真集はある意味衝撃的な内容のことを撮っていますよね。
でも、その衝撃的な内容に負けないようなイメージを撮っていると思います。
その対象は凄いけれど、
イメージはたいしたことないなぁという写真群とは違う、
そんな印象を受けました。

これからの活動、作品がすごく気になります。頑張ってください！
いつか僕も写真集を完読できるようになりたいです。

We can no[illegible]ge the world
with mere [illegible]vash and hypocrisy.
There are m[illegible]things
which we cannot understand in this world.
I don't think that those media which force us
to live 'positively' will change our world.
Learning about such a serious topic,
I feel heartless words and temporary kindness
are useless.
Now I am seized with an impulse
to create something.
I am not arrogant enough to say that
I will save someone with this work.
In our desolate world, I will not compel myself
to behave cheerfully, either.
I hope the world will change even a little
by publishing this work.
Though I cannot give a definite answer,
I would like to publish this work before
the modern era is finished.

恋人が死んでしまうということ

2004年6月6日　日曜日
加藤優　25歳　会社員　1978年生まれ　東京都大田区

──深すぎるほどのあたたかい優しさを、私はどれだけ返せただろう。──

『Cord』の写真展をした際、ある女性が来てくれたことを覚えている。僕はその女性が書いていってくれた感想と、その日に送ってくれたメールを、今でも忘れることができない。

その感想は、こんな一文で始まっていた。
「彼氏が自殺してから3年が経ちます……」

Date: Sat, 03 Jan 2004 23:56:42 +0900 (JST)
To: cec48450@hkg.odn.ne.jp (OKADA Atushi)
Subject: 今日、

写真展で話しかけた女です。
分かるでしょうか？
写真集みさせて頂きました。
私の彼氏は自殺しました。
それから、私は闇から抜け出せずにいます。
でも、岡田さんの作品をみていると、
その闇を写真や詞で表現する気持ちになれます。
うまく言えないけど……。
初めてみた時から、作品に惹かれました。
意味不明なメールでごめんなさい。
とにかく、なにか伝えたくなって。
それでは、また。

加藤優

後日僕は、感想ノートに書かれた住所を頼りに、赤い彼岸花の写真を彼女に送った。数日後、彼女からこんなメールが届いた。

Date: Wed, 14 Jan 2004 01:49:26 +0900 (JST)
To: cec48450@hkg.odn.ne.jp (OKADA Atushi)
Subject: ハガキ、

ハガキ届きました、
ありがとう。
毎日気まぐれに変わる私の心は、
今日は孤独に蝕まれていました。でも、
人とつながっている気持ちになれました。
嬉しかったです。ありがとう。
友達や家族、いままで支えてくれた人達のために、
なんとか生き延びています。
もがいても、苦しくても生きないと。
私にとってモノを創ることは、
心のウミを出すことです。
どん底を見て、
這上がる力を湧き起こすことです。

「生きることは悲しいんだよ」、彼女からメールを貰う度、そんなことを感じてしまう。彼女が悲しいという訳ではない。言葉の節々、送られてくるタイミング、その日の天候……。何処かで何かが「悲しい」という感覚を刺激している。彼女と会って話をしたい。そのことがこの作品にも必要だと感じた。

──加藤さんから貰ったメールを読んでいると、「人が死んでゆくこと」を本当に知っているんだなと感じます。頂いたメールのどれもが印象深く、1度人生に「失望している」というか、「絶望の先にある何か」を見ているんだなと感じます。「それが直接自傷行為と関係があるのか」と聞かれると、そうとは言いきれないのだけど、「大切な人を失う」ということがどのようなことなのか、そのことについて考えることはとても大事なことのように思います。加藤さんにとっては酷なお願いをしていると分かっているので、余

計心が痛いのですが、お話を聞かせて頂ければありがたいです。

加藤●私は岡田さんの作品が好きで、私の感情が創ることに役立てるのであれば嬉しいです。諦めという感情と一緒に生きている私が、一瞬でも役立てたらと思っています。

——今回のお話をお願いした際、「嫌なことも聞くかも知れない」「人には言いたくないことも聞くかも知れない」ということを前提にお願いしたのですが、引き受けてくださる際、葛藤などはなかったですか？

加藤●葛藤はなかったです。『Platibe』の中の子供がエスカレーターで登っていく写真が凄く好きで、「次世代の子供たちが幸せに暮らせますように」っていう写真集の中の文章も好きで。そういう人に何か形にして貰えるのであれば、それで私の経験であったり、感情であったり、それが役立つのであれば、それは逆に幸せかなって思って。私が今までもがいてきたものを、何か形にして貰えるのであれば構いません。

——彼が亡くなったことを話すことに抵抗はなかったですか？

加藤●抵抗はなかったです。私は彼が死んだことを今までずっと引きずっていて、そこから抜け出す気もなく生きてきました。だけど、その膿を全部出して形にすることで「何か新しいものが見えてくるかも知れない」と思って。もしかしたらそうなるかも知れないと思いました。

——彼のことは今もまだ引きずっている感じですか？

加藤●引きずってないと思っていたんだけど、急に思い出すことが多くて。最近は、「彼が死んだ」っていう感覚に馴れてきて、前みたいに毎日毎日考えちゃうというよりは、何か嫌なことがあったりすると急に思い出すことの方が多くて。2年半ぐらい付き合っていたんだけど、それだけ凄く近くにいた人なのに、結局私は最後までその人が死んでゆくことに何も気付かないで、自分の目先の楽しさだったり、そういうことにしか心がいっていなくて、1番大切な人の苦しいこととか、寂しがっていることに気付けないで、それをやわらげることもできないで、1人で死んでいって。彼氏は同じ大学だったんだけど私と学部は違って、でも自分が使っていた校舎ではなく、私が使っていた校舎から飛び降りて、その日どんな気持ちで私の校舎に登っていって、そこから飛び降りて、最後はどんな思いだったんだろうって考えると。

――その日の彼の様子を聞いてもいいですか？

加藤●ちょうど大学３年の終わりの時でした。みんな就職活動をしていて、その日も彼は「今から就職活動のセミナーに行くんだけど、ネクタイの結び方が分からないから教えてくれ」ってお昼の12時過ぎに近所の大家さんの所に寄って。だけど大家さんは女性だったから「ネクタイ分からないからごめんね」ってバイバイしたみたいで。でもその２時間後に学校で飛び降りたのが発見されて……。

――そんなに突然だったんですか？

加藤●飛び降りる２時間前までは、セミナーに行く意志があって、その前の日も、春からの大学の授業のカリキュラムを提出していて。だから死ぬ前の日もいつもと同じように生活していて。当日も就職に向けて頭が働いていたのに、その２時間の間で、何故そんなふうになったんだろうっていくら考えても分からなくて。その後、私が彼氏の部屋に行っても、いつも通りの部屋で。飲んだ物も飲みっぱなしだし、脱いだ物も脱ぎっぱなしだし、そのまま家を出たって感じで。それが生々しくて、意味が分からなくて。どの段階で死のうと思ったのかが分からなくて。何故学校に行ったのかも分からなくて。春休みで大学に行く用事もなかったのに。就職のことで大学に行ったとしても、その時にはもう飛び降りる覚悟で大学に向かっていたのか、それも私には分からなくて。全部が分からなくて。その日の彼の感情がどんなふうに動いたのか、どんなふうに変わったのか、いくら考えても分からなくて。

――飛び降りる前に、何か彼から連絡はありましたか？

加藤●３年前の2001年の３月29日が、彼が飛び降りた日です。２日前の27日の夜に私が１度彼に電話をしていて、でも彼は電話に出なくて。私はその時は大事には捉えていなくて、「28日には電話をくれるだろう」って思っていたんだけど、次の日も彼から連絡はこなくて。「まぁ、明日したらいいや」って思っていたんだけど、でも、「明日っていう日は、生きてなきゃこないんだ」っていうことに、彼が死んでから気が付いた……。

彼氏が死んで、遺品の中から彼の携帯電話の履歴を見たら、私がバイトをしている間に電話をくれていて、でも私のバイト先は電波が入らないから、私の携帯には彼からの着信が残っていなくて。私は彼氏が電話をくれていたことすら知らないまま、彼氏は死んでいって。だから、なんだろう、いくら22年間生きてきたって、６階から飛び降りて死ぬまでなんて、ほんの数秒で、なんか、「あぁ簡単なんだな」って、「存在って一瞬で消えるんだな」って思って。なんか、凄くそのことを感じました。

―― 3年前の3月29日。

加藤●3年前です。もう3年2ヶ月ぐらい経ったけど。ちょうど春休みの終わりに。でもその日は3月の終わりなのに凄く寒くて、凄く雨が降っていて。だから、もしかしたらあの日晴れていたら気分も違ったのかも知れないし。もし晴れていて自転車とかに乗っていたら気持ちも違ったかも知れないし。何故本当にそうなったのかが分からなくて。今でもいくら考えても分からなくて。1人で死んでいく時ってどんな気持ちだったんだろうって。家族を大切にする人だったから、そういうことも考えられないぐらいの意識だったんだろうなって思って。

6階から飛び降りて、最初に首の後ろを1階の手すりに打ったみたいで、打ってそのまま倒れたから、遺体に凄く痣が残っていて、それが凄く生々しくて、「あぁ痛かったんだろうな」って思うけど、その時に意識があったのかも私は想像が付かなくて。飛び降りる時の気持ち、飛び降りて死ぬまでの気持ち、最後に何を考えていたのかも、何が視界に映っていたのかも、全部が分からなくて、いくら考えても分からなくて。

――普段通りの日々だったんですか？

加藤●もともと感情の波が凄く激しい人で、いったん落ち込むと凄く落ち込む人で。そういうのが本当にたまにあったんだけど。

2月の半ばぐらいに、「みんな就職活動をしているけど、自分は何をやりたいのかが分からない」ってことを言っていたんだけど、3月に入ってからは「何をやりたいかは分からないけど、とにかく少しずつ始めてみるから。もう俺大丈夫だから、頑張るから」って言っていて。だからもう安心しきっていて、「頑張れるんだ。良かった」って。そう思っていたら、20日後ぐらいに突然飛び降りて。

――就職のことを考えていたのに。

加藤●死ぬ前の日も、大学のゼミの申し込みをして、その日の夜も友達と朝まで飲んでいて、次の日の朝に友達と別れて、12時過ぎには大家さんの所に行って、それから2時間後に死んでしまって。その2時間の間で、何故なんだろうって。全然分からなくて。遺書も無いし。

ただ「本当に自殺だったのか」ということになった時に、大学の6階に彼の鞄と傘が置いてあって、手すりに付いていた靴跡が彼氏の履いていた靴と一致して、「自分の意志で飛び降りたんでしょう」って言われて。

——彼が亡くなったことをどのような形で知ったのですか？その事実を受け止めるには大変な思いをしたと思うのですが。

加藤●彼が死んでからしばらくの間は、本当に意味が分からなくて、現実がなんだか分からなくなって。29日に彼氏が死んだのだけど、私は29日にはそのことを知らなくて。30日の午前中に彼氏の実家から電話があって、私はその時は電話に出れなくて、バイトに行く途中に留守電を聞いたらお父さんからで「昨日、息子が大学で亡くなりました」っていうふうにメッセージが入っていて。急いで実家に電話をしてみたら「どうも飛び降りたらしい」って突然そんなことを言われて。彼の実家は新潟なんだけど、彼の両親が「早く遺体を実家に連れて帰りたい」って、29日のうちに車で東京まで来て遺体を引き取って、だけどバタバタしていて彼のアパートも見ていなくて。「鞄の中からは遺書が見つかっていないけど家がどうなっているのか分からない」って言われて、私が合い鍵を持っていたから「私が今から大学に行って事情を聞いて、それからアパートに寄って新潟に行きます」って言って。それで大学に行ってみて、発見して通報してくれた学生課の人にその現場を細かく説明してもらって。「此処でこういうふうにうつぶせの状態で倒れていて」っていうのを聞いて。それでもまだよく実感が湧かなくて、とりあえず家に行こうと思って家に行ったら、本当にいつもと同じ状態で。「こんないつもと同じまま家を出たのに」っていうのが、本当に分からなくて。「でもとにかく新潟に行こう」って思って。今まで行ったことがなかったんだけど、初めて東京駅に行って新潟まで行って。初めてむこうの家族と会って。むこうの実家に遺体があって。でもその時も意味が分からなくて。初めて冷たくなった彼に触って、「あ、冷たい、死んでる」って思って。でもその意味すら分からなくて。その日にお通夜をして、一晩中遺体から離れられなくて、次の日に御葬式をして、今から焼かれるっていう時に、凄く辛くなって、初めて立っていられなくなって、泣いて、「あぁ、もう形がなくなる」って思って、焼かれる所にガラガラガラって入って行く時に、本当に立てなくなって、むこうのお母さんに一生懸命立たせてもらって、何時間かしたら骨になって帰ってきて、そんな、自分の彼氏の骨を拾ってあげるなんて全然考えたことがなかったから、辛くて。

——彼が亡くなってからはどんな気持ちで生きてこられたんですか？

加藤●何か自分がカラになっちゃって。今まで自分本意っていうか、彼氏がいてもいなくても、「自分は自分だ」って好きにやっていたんだけど、いざ彼氏が自殺をしたら、もうなんか、何もできなくなって。外に出る気もないし、働く気力もないし、どうやって生きていったらいいのかわからないし、現実も受け入れられないし、全部が辛くなって。

でも亡くなった彼氏の家族のことを考えたら、此処で私が「自分も辛いから」って言って、彼の後を追うような真似をしたら、「たぶん１番辛いのは、うちの両親よりもむこうの両親かも」って思って。「自分の家の息子のせいで、人の家の娘がまた１人死にました」ってなったら、それはむこうの両親は本当に辛いだろうなって思って。逆にむこうの両親がいなかったら、私はとっくに死ねていたのかも知れないけど、いることで、「私はまだ死ぬ訳にいかないんだ」って思って。「じゃあ生きなきゃいけないんだ」って思って。無気力ながらもだらだら生きていました。

――無気力であったとしても、恋人の死と向き合って生きるということは本当に大変なことだったと思います。苦しみや悲しみに押し潰されずに生きてこれたのには何か支えがあったのですか？

加藤●私は周りに凄く恵まれていたから。友達だったり、周りが本当に色々と支えてくれて、いつも泣き所を作っていてくれたから。泣きたい時とか、辛い時に、その場所を与えてくれたから。辛いことばかりだけど、でもまだ救いになる部分があって、周りに恵まれているだけで、こういう時に頼れる相手がいるだけで、私はまだ幸せなのかも知れないって思って。

でも一瞬そう思って、「また頑張ろう」って思っても、やっぱりその先の方が辛くって、「立ち直った」って思っても、ちょっとしたことでどんどん思い出して、なんだかんだ言ったって、他のことで埋められるものでもないし。その後に彼氏とかができたとしても、ある程度の諦めとか絶望とかが先にきていて、どんなにその場で「好きだ」とか、「一緒にいたい」とか思った所で、最終的にはどんな形であれ別れはあるのだから、それはもう、入り込めば入り込むほど別れた時が辛いのだから、だったらもうそんなに感情なんていらないやって思って。そういうふうに考えるようになっちゃって。

基本的にこの先「生きてゆく」ってことを考えた時に、「楽しいのだろうな」「幸せなことが待っているんだろうな」っていうことよりも、「そんなこと言ったって最終的にはみんなとも別れるし」、「結局は死ぬし」、「遅かれ早かれ自分の存在は消えるし」みたいな。そういう「諦め」みたいなものが１番最初に立っているから、だからもう「何でもいいや」って思っちゃって。

現実を受け入れる強さっていうものすらなくて、感情よりも物理的なことで理解していって、彼氏のアパートを引き払って、部屋を綺麗にして、四十九日をして、納骨をして、お墓を見て、そういうことをして少しずつ理解していって。最初はその事実を考えることすら嫌だったから、現実を受け入れようとすることができなかったんだけど、そういう彼のいた場所を１個ずつ消していくことで、「あぁ、本当にもう彼の存在はないんだ」ってことに気が付いて。

──「存在がなくなった」ということを受け入れることは、とても辛いことだと思うのですが。

加藤●最初はとにかく意味が分からなかったです。でも凄く辛かったのは、死んだ事実も勿論なんだけど、前の日に「私が怠けないで電話を１本していたら違ったのかな」とか、もしかしたら本人は「大丈夫、頑張るから」って言っていたけど、その中でも本当は、凄く苦しくて、凄くもがいていて、孤独で寂しい思いをしていたのかも知れないって思うと、ずっと一緒にいたのに、私はそんなことに気付こうともしないで、自分が楽しむことや目先のものにしか捕らわれていなくて、彼の気持ちを、彼を救えるとかそんな大袈裟なものではないけれど、もしかしたら「ちょっとでも支えられたのかも知れない」と思うと。「死んでゆく彼氏に気付けなかった自分」、そういう「後悔」みたいなものを思い返した時が１番辛いです。

──やっぱり自分を責めたのですか？

加藤●凄く責めて。責めている時が本当に辛くて。幸せなこととか、家族のこととか、友達のこととか、そういう嬉しいことを全部忘れてもいいから、「頭が狂ってくれた方が私はよっぽど幸せだ」って毎日そう思っていました。こんなに苦しいのに、何故私の頭はまだ普通に働いていて、こんなに頑丈にできあがっちゃっているんだろうって。頭が狂ってくれて、全部の記憶を失って、誰のことも分からなくなって、その方がよっぽど私は幸せなんだろうなって思っていました。それなのに私の頭はまだ動いていて、感情があって、そんなものはもう要らないのに、何故そんな思いをしてまで感情は生まれなくちゃいけないんだろうって。

──苦しみや悲しみに耐えられなくて、死んだり、切ったりする人もいるのに。

加藤●切れたらよっぽど楽なんだろうなってことはよく思います。でも私はむこうの両親に対して凄く申し訳ないなっていう気持ちがやっぱりあって、「大切にしきれなくて、守りきれなくてごめんなさい」って。私が死んだら、うちの親は勿論だけど、むこうの両親が凄く苦しむだろうなって思うと何もできなくて。でも頭が狂ってくれれば、そういう理性とか、そういうもの全てが何処かに吹き飛んでいって、私はとっくに死ねていただろうから、今生きていることが幸せなのか、とっくに死ねていた方が幸せなのかは分からないけど、ただ生きていかなきゃいけないんだろうなって。凄く苦しいけど、むこうの両親より先に死ぬことはできないんだなって。

――メールを貰う度に、「凄く苦しいのだろうな、苦しんできたんだろうな」と感じてしまって。勿論誰かと比べるようなことではないのだけど、ちゃんと生きているんだなって思って。

加藤●切れるものならとっくに切りたかったし、飛び降りれるものなら飛び降りたかったし、いくらでも死にたかった。本当に何回も何回も「死にたい」って思った。私が自殺っていう形で死ぬことにむこうの両親が苦しむのであれば、誰かが私を殺してくれれば、私は私の意志じゃなく望み通り死ねる、生きたい意志がある人が殺されるぐらいなら、「生きる意志がない私を殺してくれたらいいのに」って何回も思った。

切っている人たちも本当に苦しいのだろうし、人の辛さとか悩みとかって、誰が誰より苦しいとか、どっちの方が重いとか、そういうふうに比べられるものじゃないとは勿論思う。その人が凄く苦しかったら、それはその人にとって本当の悩みだし、苦しみだし。

『Cord』の帯に書いてあった、「恋人がリストカットをしたら、あなたは助けることができますか」っていうのを見て、「死のうとしている人をどうすることが救うことなのか、私には分からない」って思って。普通は、死にたいと思っている人をとめるのが救ってあげることなのかも知れないけど、私は、死にたい人はそのまま死なせてあげるのも幸せなんじゃないかなって思う。なんだろう、もう普通の感覚とかが分かんなくなって。でもたぶん、死ぬ本人は幸せでも、残された人たちの方がよっぽど辛くって。残された人は絶対に「もしかしたら自分がもっと力になれたのかも知れない」とか、そういうふうに自分を責めることが絶対にあると思うから、だから、リストカットをしている人も辛いのだろうけど、それを知った周りの人ももっと辛いんだろうなって凄く思う。

毎日無気力だけど、私がなんとか此処まで生き延びているのは、周りの友達とかに恵まれていたからだと思うし、そういう人たちがいる限りは、私は死んじゃいけないのだろうなって思う。思うけど、でも、誰かが私を殺してくれるのだったら、それはそれで私は幸せなのかも知れないって思う。ただ、残された人が、「苦しい」って感じてくれる人がたった１人でもいるのだったら、それは「生きなきゃいけない」ってことなのかなって思う。誰かが死んで感じる苦しさって、一瞬のものじゃなくて、その後もずっと引きずっていく苦しさだから、同じ思いは誰にもして欲しくなくて、だから私は、生きなきゃいけないんだなって思う。彼氏が死んだ時も、「発作的なものだろう」って言われたんだけど、そんな「発作」の一言で済ませて貰えるんだったら、「私もごめんなさい発作です」って言って飛び降りたいって何回も思った。でも、それはしてはいけないことなんだなって思ったから。何が正しくて、何が正しくないのかは分からないけど、誰かが死ぬことで残されたものが苦しむってことは、人間の存在って重いんだなって思う。

最後に僕は、「彼が死んでから3年経つけれど、傷は少しずつ癒えてきているのだろうか」と彼女に尋ねた。彼女はその問いに、「いや、逆にどんどん重たくなって」と答えた。その後に続けた彼女の言葉が印象的だった。最後にその言葉を載せて終わりにしたいと思う。

『感情は流れるし、色んなことを忘れていくけど、でも忘れちゃいけないこと、流しちゃいけないこともあって、最近は彼氏が死んだことも自分の中では当たり前の事実になっていて、記憶の中で姿かたちを思い出せても、声とかが思い出せなくなってきちゃって。普通に生きていれば、その人が動いているのが当たり前だし、目の前でタバコを吸って、しゃべって、そういうのが当たり前だったのに、だんだん1個ずつ思い出せなくなってきて、今はもうその人がどんな声だったのかもぼやけてきて、あれだけ好きで、あれだけ一緒にいたのに、その人の声すら思い出せない……』

ワレワレハ未ダ往路ニアリ、帰路ヲ語ル処ニハナイ

―― 『Platibe』と『Cord』をめぐって ――

鈴城雅文

1

『ハーメルンの笛吹き』という「おはなし」がある。あやふやな記憶だが、大筋を書いておこう。ある村にやって来たトリック・スター（笛吹き）が、鼠退治という村人の願いごとを叶えながらも村人に裏切られ、来たときと同じように笛を吹いて村を出ていく。対価なしに笛吹きの能力を利用した村人の「してやったり」という思いは、しかしつぎの瞬間に困惑と悔恨に転じる。村の子供たちがこぞって笛の音に導かれ、トリック・スターの後を追い村を出ていってしまったから……。

村人への笛吹きの復讐と考えれば、笛の音に唆された子供たちは、ただの被害者ということになるだろう。だが子供たちはむしろ笛に鼓舞されて、村からの脱出の契機を掴んだようにも思える。笛吹きが現れようが現れまいが、子供たちにはやがて大人に背いて、村を出て行く必然があったと。あるいはさらにだまされた笛吹きの姿に、自分たちの姿を重ねる必然が、大人たちに気づきがたくも子供たちにはあった、と。

ほかでもない、『Platibe プラチベ』と題された一冊の本が、この「おはなし」を思い出させた。帯に「写詩集」とあって、著者の名を岡田敦という。扉には、あたかも墓碑銘のように「after 1997」と記されており、その意味するところを、読者はすぐ了解することになる。この年は、十四歳の中学生が十一歳の小学生の頭部を切断し、中学校の正門に据えるという、世間を驚愕させた「酒鬼薔薇聖人事件」の年であった。

神戸で起きたこの事件をめぐるメディアの、おそらくほとんどいっさいの説明が、著者には納得しがたいものとしてあった。日々つつがなくあるべき日常の、解かれてはならない封印が、解かれてしまったこと。一過性の「異常事」と大人たちが考えたがるこの事件が、じつは若年層を貫く普遍的な根を具えているだろうこと。したがって類似の「異常事」がさまざまな場と形で、以降もやみがたく出現するであろうこと……。

じじつそれ以降にも「豊川主婦殺人事件」「高速バスジャック事件」など、十代によって引き起こされる事件が止むことはなく、すでにそれは佐世保で起こった、小学生による同級生の、学校内での殺害にまで及んでいる。新聞も雑誌もＴＶもメディアはこぞって、それら「異常事」を、その都度熱心に伝えてきた。むろんのこと、言葉と映像を交えながら、である。言葉の担保としての映像、映像の担保としての言葉。その「結託」こそが、読者に信憑性を保証する、というように。

だが同じく言葉と映像を縫いながらも、「写詩集」であることを謳う『Platibe』には、同様の図式を当てはめがたい。収められた像は言葉による補完を乞うてはいない。言葉もまた像に寄りかかろうとはしていない。するとこの一冊の「写詩集」において、像と言葉はどのような必然において、どのような「切り結び」を果たしているのか？「after 1997」と扉に刻むことで、そしてまた以降の出来事の概要を、記事的文体で配することで、「酒鬼薔薇聖人事件」以降への注意を喚起しておきながら、『Platibe』の写真は、それらの事件の現場を撮影しているわけではなく、詩の言葉もまたそれらと直接交差することはない。むしろそのような直接性を慎重に排しているのだ。

それぞれの事件が個別の突発的事件であるよりは、偏在する負性の連続する現れのひとつに「すぎない」と著者は考えている。逆言すればそれぞれの事件を例外的な「異常事」として、単独に括ろうとする精神に根源的な異和を抱えてもいる。消極的というよりはむしろ強靭にも、彼は自らが抱えたその異和に誠実だった。

1979年生まれの著者が神戸の事件を知ったとき、十代の終わりにあった彼に、事件は「解釈」や「告発」の対象としては映らなかった。換言すれば著者にとってそれは、「他人事」としては映らなかった。むしろ……。

可能性としては十代の誰もが、もうひとりの「酒鬼薔薇」でありうる。読者としての穿った見方を述べれば、神戸の事件を通して彼はこの一点に気づかされた。気づいてなお、ハーメルンの子供たちのように〈村〉を出る方途が、ほぼ完璧に閉ざされていることにも、気づかされるよりほかはなかった。

2

「解釈」や「告発」を重ねる者たちが、特殊／例外的な突発事として片付けたがる事件は、著者にとってむしろ、普遍的な危機の発露であるのに過ぎなかった。しかしそれらの危機は、つつがなさを装った日常の内奥に、ことのほか深く隠蔽されている。だからこそ著者は、書かずにいられなかった。「そんな所で泣いていても気付かないよ……」、と。「だから出ておいで」という、啓蒙だけは慎重に回避しつつ。（なぜならそのような方途の、ほとんどことごとくが…「出ておいで」と呼びかける人びとによってこそ封印され、したがって呼びかけに応じようとすればまず、呼びかけた声の主そのものに阻害されるほかはなく、しかも善意の呼びかけ人の視野にこの錯綜が映し出される可能性は、ついにかぎりになく希薄であるほかはないからだ）。

そのように承知して、『Platibe』の像に、注目してみよう。この作業はジャーナリストの身振りでカメラを抱え、事件の現場に出かけたわけでもない著者の、彼にとっての〈現場〉の位置と意味を教える。そこでの彼が何を、どう目撃したかも、赤裸々に教える。『ハーメルンの笛吹き』を思い起こしたのは、そのような像を見詰めた結果だった。

像に分け入る。気づくのはちいさな命への、著者の眼差しの〈遠さ〉だ。「ピカチュー」の運動靴を履いた女児の足元も、飛行機の機内で眠る少年も、石畳にしゃがんでレンズを見上げる少年の眼も、親の肩にもたれて眠りこけた幼児の指先も、すべては幼い屍体のそれのようではないか。そのことをもっとも鮮鋭に示しているのは、路上のベビー・カーの幼女の写真だ。彼女を乗せたベビー・カーが棺のように映るのは、ここでも眠っている少女があたかも、屍のように見えるからにほかならない。

生き生きとしてあってしかるべき幼い命が、著者のカメラにことごとく屍のように、写しこまれてしまうのはなぜか。そしてまたこのような屍の光景が、犯行へといたる日々に少年たちの網膜に映し出されていたはずの光景に、近似しているのではないかという思いに捉えられるのはなぜか？　これらの問いは即座に、『Platibe』という、風変わりな書名へと、問うものの関心を誘導する。その由来を著者は隠していない。'Plastic babe'。だがなぜ、プラスティック、なのか。「造形的な；自由な形になる、柔軟な；感受性の強い、etc」。手元の英和辞書は 'plastic' を、こう説明している。しかしここに述べられているような肯定的な語感を、受けとめる『Platibe』の読者はいるだろうか。1997 年以降のさまざまな事件が引用され、むしろ死のイメージを濃密に纏わりつかせた、幼児や人形たちの像が充満するこの本から？　'plastic' とはむしろ可塑性を切断されて鋳型され、それ以外の生きようを可能性としてすら剥奪されおえた、いき場のない生の喩としてあるのだ。

自由に呼吸するプラスティックはない。英語圏にあってもこの言葉はときに、朽ちてなお土に返ることを許されない、物質文明のなれの果てという否定的象徴として現れる。つまりプラチベ（たち）は、生き生きとしてあることを、あらかじめほとんど根底から否定された存在なのだ。そのような逃れがたい閉塞感への叫びのように、「1997 年以降」にプラチベたちによって引き起こされたさまざまな事件はあり、（あたかも当然のように）この連鎖はいまもやむことがない。

像と言葉によってこの一点を、ありふれた日常のただなかのものとして、いま・ここに切開してみせること。『Platibe』は、そのような願いを孕む著者による、初発の営みとして登場した。つまりこの一冊は出発点であって、到達点というわけではなかった。著者はひきつづき『Cord』と題された、次の本を世に問うことになる。

3

『Platibe』と『Cord』。前著には「after 1997」とあったが、次著には「What exists after sorrow?」という言葉が記された。哀しみの果てに、何が……。『Cord』を単独に見ればここで「哀しみ」とは、リスト・カットという自傷行為を指している。しかしまた…。『Platibe』との関係を思うときこの「哀しみ」は、1997 年以降の「哀しみ」と無縁ではなくなるだろう。『Cord』の「哀しみ」の主たちもまた、「プラチベ」なのだ。他傷／自傷を問わず彼らの生は、ともに死の淵に追い立てられている。この確認は二冊の本の著者による、自壊へと追い立てられる命への、ある種のシンパシーの確認を促す。急いで附言したいのだが著者は自壊を、肯定も美化もしているわけではない。つまり通常「共感」と訳されるシンパシーは、ここではむしろ「関心」と訳されるべきである。

シンパシーを「関心」と訳すなら、反対語のアパシーは「無関心」。唐突な印象を与えることを怖れつつここで思い起こしておきたいのは、〈愛〉をめぐって語られたマザー・テレサのつぎのような言葉だ。「愛の反対語は憎しみではありません。無関心こそがそれにあたります」、と。自壊へと追い立てられた同時代の命への〈愛〉を、像と言葉によって見失うまいとする著者に促され、〈愛〉をめぐるつぎのような発言にも、さらにここでは注目しておきたい。「描くことは、ふたたび愛すること」(ヘンリー・ミラー)。

ミラーの「ふたたびの愛」を換言すれば、それはすなわち、「切り結び」ということになるだろう。この「ふたたびの愛」/「切り結び」への志向において、『Platibe』と『Cord』の映像は特異な様態を帯びることになる。『Platibe』の眼差しはありふれた日常で出合った幼児たちを、あたかも屍体のように浮かび上がらせている。崩れたカラー・バランスを含めカメラの前にそのように、屍体のような幼児がいたからではない。つまり被写体とその映像は明白に、即自的照応関係を失っている。この映像とその対象は、切断されている。切断された映像のみが指し示すかもしれない、日常の皮膜に覆われた危機を、像として浮上させるために。

同様の構造は『Cord』にあっても一貫している。コンドームやドラッグあるいは、刃物の傷跡を残す手首など。撮影されたそれらの像は起源としての対象への、リニアな回帰の方途を絶たれたものとして提出されている。著者によって示されたこの非対称性に、モティーフへの消極性をみるのか積極性をみるのか。消極性をみる眼差しにこれらの写真は、語の最悪な意味での「イラストレーション」として、映しだされることになるほかはない。しかし積極性をみる眼差しはそこに、切り結びが可能にする「ふたたびの愛」への、きわどく困難な漸近を認めることになるだろう。(『Platibe』の光景はリニアに対象のというよりは、はるかに「プラチベ」たちの網膜に映じたはずの光景に近似していた。同様に『Cord』でも読者は、著

恐れ入りますが、切手をおはりください。

169-0073

東京都新宿区百人町

4—7—2

㈱窓社 行

ご住所（〒　　—　　）	
TEL	FAX
E-mail	
お名前	
ご職業	（　　）歳

読者カード

● 本書をお読みになってのご感想、ご意見をおきかせください。

書籍注文書

●本状でご注文の方に限り、送料は無料とさせていただきます。

『リストカット』岡田敦編著	1900円	冊
『Cord』岡田敦写真集	7500円	冊
『Platibe』岡田敦写真集	2400円	冊
『おかあさんのばか』細江英公人間写真集	2200円	冊

＊定価は税別です

者によって事物それ自体に投げかけられた眼差しではなく、リスト・カッターと呼ばれる人たちの、極限の眼差しに映じるであろう事物の、その不安定なありようにこそ立ち合うことになる)。
像とその対象の非対称性を経由してようやく、眼差しはアプリオリなイメージの皮膜を切開した先に、新たな像を「ふたたびの愛」として結びはじめる。重要なことは対象と切断された新たな像が抱える痛み(and/or 傷み)である。この痛みの震源には、不安が隠されている。直接性において対象の「説明」であることを踏み外した像は、メディアが産出する多くの像とは異なって、「ただの像」であるという、その不安に耐えるほかはないだろう。
同化ではなく、異化。世界の「中心」を争うのではなく、複数化すること。『Platibe』の、そして『Cord』の著者は、「中心」という〈正義〉を、争ってはいない。一元的に専制された「中心」によって、日々送り届けられるものとはべつの、オルタナティヴな像の可能性を、権威とも権力とも無縁に探っているのだ。

4

『Platibe』の像と言葉の双方に手を染めた著者は、『Cord』では基本的に、言葉を「引用」する位置へと自身をシフトしている。具体的に語ればウェブサイトに寄せられた、リスト・カットの経験者たちの「投稿」が、コメントもなく淡々と引用されているのだ。このシフトの意味を探ってみたいのだが、『Platibe』と『Cord』の像を、まず比較検討しておこう。
それぞれの対象に対して双方の像が非対称であること。したがって「説明」であることを逸脱した固有の像が、痛みを抱えて立ち上がろうとしたことは、すでに述べた。リアルな代理物としてではなく、アクチュアルな起源としての像が求められたのである。その点では二冊に収められた像に、構造的差異はない。差異は撮影された対象の、発見のされ方に認められる。
初発の『Platibe』にあって移動しつづけながらシャッターを押した著者は、『Cord』では対象としたモノたちの前に、いわば立ち尽くすことによって、眼差しの停留点を見届けようとしている。『Platibe』で一気に「総体」に迫ろうとした著者が、ここでは「ディテール」に眼差しを浸透させようと試みているのだ。このことと『Cord』における言葉の、「引用」へのシフトとが、無縁であるとは到底思いがたい。
一方にウェブサイトに投稿された「他人の」言葉があり、他方に思い入れの注入を拒むモノの部分像がある。すると何が、それらを、繋ぐのか？　その繋がりが見てとりやすいモノ（剃刀など）もあれば、にわかには見極めがたいモノ（魚の頭部など）もあって、読者は混乱するほかはない。なんと乱暴な像の集積！　むしろと、呟く。著者もまた踏み迷ったにちがいない、その混乱へと読者を誘うことこそ、『Cord』と題された書物の使命であった、と。

問いがあって、答えはない。そう書けばいくらかは、語られるべき内実に近いようだ。一冊の書物が抱えたこの「理不尽」は、黙契的解答に先取りされて取り澄ました現況に、乱暴さを唯一の取柄として危うい拮抗を試みている。つまりそのようにして『Platibe』の像と同様に、『Cord』の像もまた読者に媚びようとしていない。著者は理解をではなく、誤解を誘発するための悪意を、あえて潜ませているように思われる。
だが悪意には、悪意をもって応えるのが、礼節というもの。二冊の書物に著者が渾身で溶解した毒を、解毒するのではなく、いっそうの毒へと誘うことこそ、苦さを含んだ読者の愉悦となるだろう。
たとえば『Platibe』の冒頭に置かれた、著者の「詩」。とりもなおさずそこには、「そんな所で泣いていても気付かないよ……」という、あの一行が含まれているのだが、その最終行に著者はこう書いた。「寂しさが色を消した時、次世代の子どもたちが幸せに暮らせますように」、と。
「次世代」という未来を担保としたこの美しい祈りを、像の毒を読んできた一読者として肯うつもりになれない。ここにある言葉は像に含まれたなけなしの毒を、ありふれた常識によって、解毒してしまいかねないほどに危うくはないか。この美しさは像の逸脱を阻止してやまない、あの善意と深く臍帯（cord）して、専制の契機を孕んではいないか。痛切な課題は「次世代」などにではなくつねに現世代にあり、したがっていま・ここに立ち尽くし踏み抜くことのほかに、「次世代」へと臍帯する方途はありえないのではないか。
『Platibe』の言葉の危うさは残念ながら『Cord』の言葉にも一貫

している。「悲しみの果てに希望があることを願う」、と。この「希望」は、媚を排した像の敵であると、あえて信じる。だからこそここでは、語られてしまった健全な希望を退けて、むしろ病んだ像を抱きしめながら、著者にひとつの毒言を贈りとどけたい。

ワレワレハ未ダ往路ニアリ、帰路ヲ語ル処ニハナイ。

あとがき

なぜ人は『Cord』を直視することを避けるのだろうか。
友人はそれを、「社会にどっぷりとつかって生きている人の矛盾」だと言う。人はこの社会の中で生きてゆくために、無意識の内に気を張って生きている。『Cord』を直視することは、それまで隠してきた自分の弱い所、折れそうな所までも、ズバッとストレートに見せ付けられてしまう。だからそれを肯定してしまうと、気力で保っていた自分の弱い部分までも、ボキッと無造作に折られてしまう。つまり、自分自身の生き方を否定することにも繋がってしまう。だから「怖い」。友人はそう口にする。

確かに人は、自分がいる所、自分が生きている所を肯定したい気持ちを持っている。「自分は間違っていないんだ」、そう信じていたい部分を持っている。『Cord』を認めたくない人は、どんなに思い当たる節があったとしても頑としてそれを認めようとはしない。そんなことを簡単に意識の外に追いやってしまう。「危険だ！」とまるで本能的にそれを避ける。そうやって自分のバランスを保っている。

しかし、作り手もまたそれに似た本能を持っている。自らのバランスをも壊してしまいそうな対象に出会った時、それを見て見ぬ振りをして立ち去ろうとするかどうか。作品を作り終わるまでの長い間、自分の感情や意識、心のバランスを保ち続けることが出来るかどうか。それを本能的に感じている。

『Cord』における制作過程を振り返ってみれば、それは自らのバランスを崩しながらも保ち続けようとする行為に似ていたと思う。作品を限りなくリアルに近付けようとするその行為は、自らのバランスをも壊す危険性を持っていたと言っても過言ではない。

しかし、何故そこまでして『Cord』を創ろうと思ったのか。それはそのような世界が好きだという理由では決してない。自分が社会に染まってしまうことを拒んだ結果でしかないように思う。

『Cord』の制作において僕は、作品が限りなくリアルであることを求めていた。それは現実を世に問おうとする行為の裏付けなのか。いや、それは「告発」というよりも、誰よりもまず、社会の中での生きにくさを感じていた自分自身の「叫び」にも近かったように思う。そして同時に、それは２０代になったばかりの僕にはどうすることも出来ない事実でもあった。

「命」が「人と人との繋がり」によって生まれてくる限り、人間は誰かと繋がって生きていく。

現状は綺麗事を許さない。そのことをこの目を通して感じてきた。しかし、この社会の中で生きてゆこうとする彼ら、もしくは僕自身が、未来に明るいものを描こうとすれば、そこに「願い」にも似た暗示をかけることしかないように思う。

最後になってしまったが、今回インタビューに協力してくれた１１人の方に心から感謝したいと思っている。例えばPoraropo君、ここに実名を書くことは出来ないが、彼が最後に本名を教えてくれたことはとても嬉しいことだった。恋人を亡くした辛い経験を、目に涙を浮かべながら話してくれた加藤さん。壊れそうな声で話をしてくれたあいさん。１１人の皆さんにお会いした日のことを、それぞれ鮮明に思い出すことが出来る。行き過ぎた僕の質問にも誠実に答えてくれ、出来上がった原稿にも目を通し、本書への掲載を快く承諾してくれた１１人の方、その他、手紙やメールを送ってくれた多くの方、心から感謝したい。

そして本書をはじめ、『Platibe』『Cord』と僕の作品を世に送り出し、共に世に問おうとしてくださった窓社の西山俊一さん。西山さんの存在がなければ、僕の作品が本という形で世に送り出されることは決してなかったと思います。改めて感謝します。僕の作品に言葉という媒体で向き合ってくださった批評家の鈴城雅文さん。その文章に怖さに似た喜びを感じました。深く感謝します。僕がこうしてバランスを保ちながら生きていられるのには、両親をはじめ、兄、友人、周りで僕を支えてくれている多くの人たちの存在があるからだと思います。ありがとう。

2004年9月12日　岡田敦

岡田　敦（OKADA Atushi）

1979 年生まれ
北海道札幌市出身
大阪芸術大学芸術学部写真学科卒業
現在、東京工芸大学大学院在学中

主　著　『Platibe』窓社
　　　　『Cord』窓社

2002 年　富士フォトサロン新人賞受賞
　　　　Nikon Juna 21 出展

E-mail　cec48450@hkg.odn.ne.jp
URL　http://www2.odn.ne.jp/~cec48450/index.html

リストカット　誰か気づいてくれたら…

第 1 版第 1 刷印刷　2004 年 11 月 15 日
第 1 版第 1 刷発行　2004 年 11 月 25 日

著　者　岡田　敦

発行者　西山俊一

発行所　株式会社 窓社

〒 169-0073　東京都新宿区百人町 4-7-2
TEL03-3362-8641　FAX03-3362-8642
URL　http://www.mado.co.jp

印刷・製本　㈱シナノ印刷
 ISBN4-89625-069-9

＊落丁・乱丁の場合は、お取り替えいたします。